바이블 키월드
BIBLE Key World

성경 방탈출 프로그램

바이블 키월드
성경 방탈출 프로그램

초판 1쇄 인쇄 2019년 5월 30일

지은이	박요엘
발행인	이요섭
펴낸곳	요단출판사
기획	김성집
편집	강성모
디자인	디자인이츠
제작	박태훈
영업	김승훈, 김창윤, 이대성, 정준용
	이영은, 김경혜, 최우창, 백지숙
등록	1973.8.23. 제13-10호
주소	07238) 서울특별시 영등포구 국회대로 76길 10
기획 문의	(02)2643-9155
영업 문의	(02)2643-7290
	Fax(02)2643-1877
구입 문의	인터넷서점 유세근
	요단인터넷서점 www.jordanbook.com

Copyright ⓒ 2019. 월드사랑 기독교교육연구원 All rights reserved.

값 12,000원

ISBN 978-89-350-1771-3 03230

• 이 책의 모든 사진, 그림, 작품, 프로그램의 저작권은 월드사랑 기독교교육연구원에 있습니다.
• 파손된 책은 구입하신 서점에서 교환해 드립니다. 책값은 뒤표지에 있습니다.

바이블 키월드
BIBLE Key World

성경 방탈출 프로그램

"다음 세대 전도와
기독교교육을 위하여"

박요엘 지음

요단
JORDAN PRESS

추천사

『바이블 키월드: 성경 방탈출 프로그램』을 저술한 박요엘 전도사는 현장 전문가이다. 그는 책상 위에 머무는 사역자가 아니다. 그의 이론은 철저한 현장 검증을 거친 '현장지향형' 이론이다. 그의 이론은 청소년들의 진정한 필요를 채워주려는 시도로 가득 찬 공감과 긍휼의 마음에서 비롯된 것이다. 그와 같이 대학원에서 공부하면서 그의 사역에 대한 열정과 비전에 감동했던 적이 많았던 것을 기억한다. 그는 교회학교의 상황에 대하여 마음 아파했다. 그는 하나님의 말씀이 삶 속에서 실천되며, 하나님의 사랑이 청소년들이 직면한 삶의 문제를 다루고 있음을 청소년들이 알게 되기를 간절히 소망했다.

인공지능, 로봇, 사물인터넷 등으로 대변되는 4차 산업혁명시대의 도전은 청소년은 물론이고 우리 모두의 삶에 기회이자 도전이다. 빈익빈 부익부의 현상은 더욱 심화될 전망이고 사람들의 삶은 더욱 개인화될 조짐을 보이고 있다. 다음 시대를 책임질 세대들인 청소년들에게 영원히 변치 않는 모든 인류의 유일한 삶의 척도이자 기준인 성경말씀은 오늘날과 같은 4차 산업혁명시대에는 더욱 절실하게 필요하다고 본다. 기준을 상실하고 토대를 무시하는 이 시대는 물질주의, 개인주의, 탐욕주의가 이전보다 더 극심해질 것이다. 그러므로 하나님의 말씀을 청소년의 눈높이에서 재미와 의미를 더한 가르침을 제공한다면 이 시대는 청소년들에게 삶의 문제에 대한 답을 제공할 수 있다고 본다. 물론 그들이 다가갈 수 있는 방법으로 접근하여야 한다. 그런 의미에서 볼 때『바이블 키월드: 성경 방탈출 프로그램』은 하나의 의미 있는 접근방법을 제시한다.

　장로회신학대학교 교육대학원 과정을 성공적으로 마친 박요엘 전도사는 위에서 언급한 접근 가능한 성경교수방법을 고안하기 위하여 최선을 다하여 노력했고, 교육대학원의 전 과정을 자신의 것으로 만들고 소화하기 위하여 최선을 다했다. 그의 논문을 지도한 교수로써 그의 시도를 줄곧 지켜보았으므로 이 추천사를 쓰는 것이다. 고독, 파편화, 개인화, 사사화된 기독신앙으로는 망가져가는 개인과 사회를 치료할 수 없다. 결국 기독교교육은 신앙공동체를 건강하게 만드는 데에 최선을 다해야 하며, 지역사회 속에서 하나님의 나라를 확장시켜 나가는데 초점을 맞춰야 할 것이다. 이를 위하여 본서는 매우 효율적으로 활용될 것으로 믿는다. 먼저 하나님의 말씀을 흥미롭게 가르치고 몸으로 느끼며 성경말씀 속에 나타나는 다양한 사건을 체험하는 것은 매우 중요하다고 본다.

　디지털시대의 한 가운데를 지나는 다음 세대들이 가장 목말라하는 것은 의외로 아날로그적 가르침, 참여를 독려하며, 진정한 연결을 가능케 하는 사회적 경험을 말씀을 통해 배우는 것이다. 이러한 시도를 가능케 하는 것이 바로 본서『바이블 키월드: 성경 방탈출 프로그램』이라고 확신한다. 하이 컨셉트 시대에는 하이 터치 즉, 몸으로 부딪치며 배우는 학습방법이 필요하기 때문이다. 혼과 창과 통을 겸비한 본서를 통해 구체적인 방안이 절실한 한국교회에 신선한 실마리를 제공할 것으로 확신하며 본서를 기쁜 마음으로 추천한다.

김도일 교수
장로회신학대학교 교육대학원장, 기독교교육학 교수, 가정-교회-마을연구소 소장

추천사

오늘날 한국의 교회학교는 심각한 위기를 경험하고 있다. 교회학교 학생 수의 급격한 감소라는 양적인 측면만의 문제가 아니다. 학생들이 교회교육에 대해 흥미를 상실하고 있다. 흥미의 상실은 학생들과의 접촉점이 상실되었음을 의미하고, 이런 상황에서 신앙의 변화를 기대할 수 없다.

'어떻게 하면 이 시대의 학생들과 소통하며 그들에게 진정한 복음적 변화를 가능케 할 수 있을 것인가?'

박요엘 전도사의 『바이블 키월드』는 바로 그 질문에 해답을 준다. '바이블 키월드'는 오늘날의 학생들에게 흥미와 재미, 의미를 깨닫게 하며, 이로써 복음을 전하고 신앙을 성숙시키는 기독교교육 프로그램이다. 저자인 박요엘 전도사는 대학원 수업 시에도 '방탈출'을 교회교육과 접목시키는 사례를 열정적으로 발표했는데, 교회학교 교사들을 초청해 함께 시연을 했던 모습이 눈에 선하다.

'교회학교가 침체되어 있는가?'

이 『바이블 키월드』를 읽고 학생들 속에 있는 가능성에 불을 붙일 수 있기를 바란다. 흥미 자체가 교육의 목적은 아니지만 흥미를 통해 교회학교에 참여하고, 참된 복음으로 인도함 받을 수 있다. 이 책이 교회학교 침체로 인해 마음 아파하는 자들과 새롭게 교회교육의 부흥을 기대하는 모든 사람들에게 '사이다'와 같은 신선한 자극이 되기를 바란다. 교육담당 교역자는 물론 교회학교 교사, 다음 세대 교육에 관심 있는 모든 분들에게 일독을 권한다.

박상진 교수
장로회신학대학교 대학원장, 기독교교육학 교수, 기독교학교교육연구소 소장

∞∞∞∞∞∞∞

저자인 박요엘 전도사는 복음화의 열정을 가지고 '복음에 관심을 잃어가고 있는 현대의 젊은이들에게 어떻게 복음을 쉽게 접하게 할 수 있을까'를 늘 고민하며 그 방법을 찾아 노력하는 사역자입니다.

그러한 고민 속에서 출간된 『바이블 키월드』는 현대 문화의 눈높이에서 '놀이'와 '액션'의 방법을 접목시킨 재미있고도 유익한 바이블 학습방법이라고 생각합니다. 시대와 세대 문화의 변화 속에서 성서학습의 방법도 변화를 모색해야 하는 것이 당연합니다. 그런 점에서 현대 젊은이들이 가지고 있는 삶의 욕구와 흥미를 성서학습과 연관시키는 것은 기독교교육의 우선과제가 아닐 수 없습니다.

박요엘 전도사의 『바이블 키월드』가 젊은이들을 향한 성서학습의 새로운 가능성을 제공하리라 기대합니다.

고원석 교수
장로회신학대학교 평생교육원장, 장신리더십아카데미원장, 교수학습개발원장,
장로회신학대학교 기독교교육연구원 원장, 기독교교육학 교수

박요엘 전도사는 『바이블 키월드: 성경 방탈출 프로그램』을 통해 성경을 '말'과 '글'로써만이 아닌 직접 체험하는 놀이를 통해 배우도록 소개한다. 본서를 통해 주일학교 학생들에게 복음의 내용과 성경적 교훈을 쉽고 재미있게 이해하도록 도우며 현대에 유행하는 놀이 컨텐츠로 등장한 '방 탈출 놀이 문화'를 적용해 서로 협동하며 문제의 고리를 하나씩 풀어가는 방법으로 하나님의 말씀을 제시한다.

저자는 단순하게 이벤트 식의 '성경 방탈출'을 체험하는 것이 아니다. 매주 이뤄지는 성경 공부 속에서 말씀의 키를 사용해 아이들의 흥미를 유발시킨다. 또한 스스로 질문하고 탐구하며 주체적으로 그 답을 찾아 '성경 방 탈출'을 통해 직접 고민하고 문제를 풀어나가도록 돕는다. 이 과정에서 사역자가 끊임없이 아이들과 소통할 수 있는 연결고리를 효과적으로 제시한다.

이 책은 복음의 진리를 다양한 방법으로 적용하려는 시대적 사명에 충실하고자 했으며 이론뿐 아니라 목회 현장에서 이를 실천적으로 적용할 수 있는 복음의 원리들을 체계적으로 정리하여 보여주었다. 본서를 통해 교회학교 부흥에 비전을 가진 이들이 이론적 토대와 실천적 활용방안을 만들어 교회가 건강하게 성장하는데 원동력이 되기를 기대하며 기쁜 마음으로 추천한다.

허 준 교수
침례신학대학 전도학 & 교회성장학 교수

목회현장에서 20년이 훌쩍 넘도록 비행과, 다양한 범죄로 법원에서 보호처분을 받고 위탁된 청소년들을 상담하면서 그 청소년들의 성격과 행동 또, 생활환경 개선을 위해 나름 열심을 다해 노력해 왔다. 하지만 위탁 시한인 6개월이 끝나면 언제나 변하지 않은 그들을 바라보며 허탈감과 자괴감에 사로잡혀왔다.

그런 가운데 이번에 박요엘 전도사가 쓴 『바이블 키월드: 성경 방탈출 프로그램』은 기독교청소년들만을 위한 대안만이 아니라 비 그리스도인 청소년들과 현재 역삼각형으로 변해가고 있는 한국 미래교회에 신선한 비전을 제시하고 있다. 그리고 반 기독교화 되가는 현대 청소년들에게 자연스럽게 복음을 접근 시킬 수 있는 귀한 길라잡이라고 생각한다.

현대 청소년들에게 복음을 전하고 가르친다는 것이 얼마나 어려운지는 현장에서 청소년 사역을 해보지 않은 사람은 이해하지 못할 것이다. 박 전도사의 책은 그가 현대 청소년들의 세계관을 직접 공유하고 그들의 문화와 가치를 이해하는 세대로써 다음 세대에게 복음 전할 기회를 확장시키는 귀한 연구이기에 목회현장의 선배로서 갈채를 보내지 않을 수 없다. 특히 목사 부모님의 슬하에서 경건과 귀한 영성으로 훈련되고 이 시대를 보시는 하나님의 거룩한 눈에 동참하여 다음세대를 바라보는 귀한 연구결과를 한국교회에 내놓게 됨을 감사하게 생각한다. 이 책이 우리시대에 방황하는 청소년들과 미래 한국교회의 기둥이 될 청소년들에게 길잡이가 되는 결실이 있기 바라며 다시 한 번 박요엘 전도사의 노고에 갈채를 아끼지 않으며 많은 열매가 있기를 소망한다.

이정일 목사
청하침례교회 담임목사

창조주 하나님께서는 자기를 사랑하는 자들을 위해 예비하신 놀라운 것들을 우리가 상상하는 그 이상으로 자녀 된 우리에게 주길 원하십니다. 이 모든 일들은 성경에 기록된 하나님의 약속입니다. 하나님은 약속한 것을 반드시 지키시는 신실하신 하나님이십니다. 그러므로 하나님의 약속인 성경을 체계적으로 공부하는 것은 신앙인들에게 있어서 반드시 필요한 것입니다.

『바이블 키월드: 성경 방탈출 프로그램』은 성경 속에 있는 약속의 말씀과 생명의 길을 아주 쉽고도 재미있게 풀어나갑니다. 그래서 교회의 미래인 다음 세대들이 별다른 거부감 없이 복음의 진리에 용이하게 접근할 수 있습니다.

저자는 하나님 말씀의 진리와 복음을 어떻게 다음 세대들에게 효과적으로 전달할 것인가를 고심하며 현장에서 직접 고민의 결과들을 적극적으로 적용했습니다. 그리고 현장에서 얻은 수많은 결실을 통해 다음 세대에게 복음을 접하게 할 수 있는 최적의 프로그램을 고안해 냈습니다. 많은 노력의 결실이 바로 '방탈출 카페'를 모티브로 한 '바이블 키월드'입니다.

파편화 되어가는 현 시대 속에서 '바이블 키월드'는 협동하여 문제를 풀어가면서 진리도 공부하고 협동심을 기를 수 있도록 고안 되었습니다. 그래서 이 프로그램은 서로 협동하며 문제를 해결해 가는 가운데에서 자연스레 협동의 은혜를 맛보도록 돕습니다. 게임을 수행하면서 필연적으로 협력해야만 주어진 시간 이내에 모든 장애를 극복하고 탈출 할 수 있도록 프로그램을 고안하였습니다. 이를 통해 궁극적으로 저자는 진정한 공동체 의식의 회복을 꿈꿉니다.

많은 신앙 관련 책들이 단순히 딱딱한 이론적 설명에 그치는 경우가 많은데 비해, 이 책은 이론적 바탕 위에 실행방법을 실제적이며 구체적으로 제시하고 있어서 사역현장에서 다이나믹(Dynamic)하게 성경교육과 복음제시 하기에 적합한 것이 특징입니다. 부모님(박요한 목사)의 전폭적인 지원으로 이루어진 박요엘 전도사의 『바이블 키월드: 성경 방탈출 프로그램』은 이 시대에 문화와 영성이 소통할 수 있는 가이드 러너(Guide Runner)가 될 것을 확신하여 기쁘게 추천합니다.

이요섭 목사
기독교한국침례회 교회진흥원장
한국기독교서점협회장

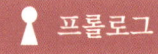 프롤로그

공동체 회복! 전도! 하고자 하면 방법이 보인다!

하나님께서는 이 세상을 창조하실 때 혼자가 아닌 남자와 여자, 그리고 공동체의 가장 작은 단위인 가정을 이루어 살게 하셨다. 그러나 현대 사회는 지극히 개인주의적이고 개인과 세상이 단절되어 파편화 되었고, 겉으로는 화려하지만 속으로는 고독한 삶을 살고 있다. 이는 오늘날 청소년들이나 젊은 청년들의 모습을 보면 더욱 잘 알 수 있다.

한국은 4차 산업혁명 시대에 들어서며 전 세계 최초로 5G시대를 개막했고, 이로써 더욱 많은 사람들이 SNS를 통해 더 빨리 정보를 교류하고 소통 할 수 있는 장이 열렸다. 하지만 SNS상의 교류는 형식적이고 표면적이며 오히려 더욱 개인주의를 부추기는 모순이 있다. 이로 인해 사람간의 직접적인 만남이 줄어들고, 공허함과 상실에 대해 등한시하며, 모바일 상의 만남이 주를 이룬다.

최근에는 성인 남녀 50대 고독사가 사회적 이슈로 대두되었다. 서울시에서는 50대 고독사가 계속 증가하여 2017년에는 366건에 이르며 2019년에는 더욱 늘어날 것으로 추정된다. 자유한국당 송석준 의원이 서울시로부터 제출받은 자료를 보면, 2013년 298건이었던 서울시 무연고 사망자수가 2015년에는 338건, 2017년에는 366건으로 최근 5년간 22.8%나 증가했다. 고독사는 외롭게 혼자 살다가 쓸쓸하게 혼자 남겨져 죽는 경우, 질병을 앓다가 혼자 죽음을 맞이하는 경우, 경제적으로 어려움을 겪다가 혼자 죽는 경우 등 그 유형이 다양하다. 인간의 직접적인 교류가 드문 현대사회에서 이러한 고독사는 더욱 늘어날 것으로 전망된다.

성공주의와 물질만능주의는 모든 사람들을 경쟁의 대상으로 만들고 아직도 많은 사람들의 숨통을 조이고 있다. 그리하여 수많은 사람들이 자신의 인생을 하나 둘씩 포기한다. 사회, 경제적인 압박으로 인해 연애, 결혼, 주택 구입 등 많은 것을 포기한 세대를 지칭하는 'N포세대'가 등장하고 있다. 이는 기존의 '3포 세대'(연애, 결혼, 출산 포기)에서 '5포 세대'(3포 세대+내 집 마련, 인간관계) 그리고 '7포 세대'(5포 세대+꿈, 희망)에서 더 나아가 숫자로 규정되기 힘들 정도로 더 많은 것들을 포기해야 하는 세대임을 지칭하는 말이다.

그러한 가운데 욜로족도 등장했다. 'You Only Live Once'의 앞 글자를 따서 만든 용어이다. 이는 '인생은 한 번 뿐이다, 고로 현재 자신의 행복을 가장 최우선시하며 살겠다'는 태도로, 미래나 남을 위해 희생하기 보다는 현재 자신의 행복만을 위해 살겠다는 라이프스타일이다. 이러한 현상들은 더욱 공동체성을 상실하게 하고 인간과 인간 사이의 관계를 단절시키며 파편화된 인간성을 나타나게 하고 있다.

이러한 문제들에 대해 김도일 교수님의 저서 『온전성을 추구하는 기독교교육』은 "파편화된 인간성을 갖고 포스트모던 시대를 살아가는 사람들을 가장 효과적으로 도우며 온전한 인간성 회복을 위한 최선의 방책은 우리 모든 인간을 만드시고, 붙들어주시며, 세상 끝날 까지 보호하시고, 사랑하시는 성령 안에서 성령과 함께 교육하는 것"[1]이라고 주장한다.

---

1) 김도일, 『온전성을 추구하는 기독교교육』 (서울: 장로회신학대학교출판부, 2011), 130-131.

하나님은 인간이 창조되었을 때 혼자 있는 것이 고독하여 좋지 않게 보이셨기에 '돕는 배필'을 만들어주셨다. 이것은 인간이 사회적인 존재이며 다른 존재가 필요하다는 증거이다. 즉, 하나님은 인간을 공동체를 추구하며 살도록 만드셨으며, 공동체성은 하나님이 인간에게 주신 특성임을 의미한다.

예수님께서도 성육신의 삶을 통하여 개인이 아닌 공동체를 만드셨고, 계속해서 제자들에게도 공동체를 형성하라고 말씀하셨다. 예수님은 십자가의 고난과 부활의 영광을 믿어 구원 받은 사람들이 그 사랑 안에서 신앙 공동체를 형성하길 원하신다.

그러므로 인간이 공동체성을 회복하며, 기독교적 가치관을 가지고, 하나님 나라의 공동체성을 회복하는 것은 우리에게 주어진 하나님의 명령으로 받아들여야 할 것이다. 그렇게 할 때 단절로 무너졌던 기독교 생태계가 회복될 것이며, 또한 다음 세대의 기독교 세계관이 회복되는 '회복의 도미노현상'이 일어나게 될 것이다.

필자는 본서를 통해 오늘날 교회학교 및 기독교교육의 도전과 과제인 현대 사회의 끊어지고, 외롭고, 고독한 상태에 대한 대안을 제시하고자 한다. 공동체성 회복과 부흥, 개인과 개인 사이의 단절된 관계 회복, '나' 하나가 아닌 '우리'로서의 기독교적 공동체성 회복, 즉, 신앙 공동체의 회복과 기독교 생태계의 회복이 일어나길 바란다. 그리하여 다음 세대 전도와 기독교교육을 위한 성경교육 프로그램인 '바이블 키월드'를 제시하고자 한다.

'바이블 키월드'는 단절된 현대 사회의 고충을 반영했다. 교회 안에서 기독교교육 문화 콘텐츠 개발이 끊임없이 이루어지고, 다음 세대들이 언제든지 교회에 와서 성경을 배울 수 있으며, 성경을 놀이처럼 즐거워 할 수 있도록 최선을 다하여 연구하고 개발한 프로그램이다.

또한 현대 사회에서 나타나는 '욜로 족'의 등장 등 개인주의 문화에 맞서 함께하는 세상, 공존하는 세상, 서로 도우며 어우러지는 세상을 강조하며 계속해서 프로그램을 발전시켜 나갈 것이다. 이 과정을 통해 '바이블 키월드'가 교회와 세상 가운데 주님 안에서 하나로 연합하는 사명을 감당하기를 기대한다.

필자가 사역하는 교회는 서울 송파구 송파동에 위치하고 있다. 교육열이 매우 높은 편이다. 그래서 평일이나 주말 할 것 없이 아이들의 발걸음은 수많은 학원으로 향한다. 때론 좋은 학원이 있는 동네로 원정도 간다. 송파의 엄마들은 아이들의 운전사이자 매니저이며 모든 스케줄을 관리한다. 교회라고 다를 것은 없다. 집사님 자녀, 권사님, 장로님 자녀 할 것 없이 아이들 학업에 엄청난 심혈을 기울인다. 때론 예배도 빠지고 학원에 보낼 정도이다. 이런 현상에 속수무책으로 당하며 영혼구원을 포기해야 하는가?

필자는 본래 내성적인 성격이었다. 그런데 2008년 침례신학대학교를 진학하여 전도학개론을 배웠고, 그때부터 매주 목, 금, 토요일에 노방전도를 나가며 성격이 완전히 외향적으로 바뀌었으며, 12년이 지난 현재까지도 노방전도를 이어가고 있다.

필자가 많은 아이들을 만나고 전도하며 내린 결론은 "아이들이 교회는 구시대적이고, 재미가 없는 곳이라 생각한다"는 것이다. 많은 아이들에게 교회에 다니냐고 물어보면 거의 다니지 않는다고 말한다. 다니지 않는 이유를 물어보면 "예전에 교회에 가봤었는데 지루하고 재미없었기 때문이다"라고 한다.

필자는 목회를 즐겁게 하시던 부모님을 보며 교회는 재밌어야 하고 마치 "하나님의 놀이동산처럼 되어야 한다"는 목회철학을 가지게 되었다. 현재까지도 그렇게 사역을 하고 있다. 그 결과 우리 교회학교에 등록한 아이들은 "지금까지 다녔던 교회 중에 제일 재밌고 좋다" "우리 교회가 제일 최고다" "교회에서 더 놀고 싶은데 집에 안가면 안 되나요?"라는 등, 교회에 오면 집에 가는 것을 싫어하고 아쉬워한다. 교회는 재밌어야 하고 "하나님의 놀이동산이 되어야 한다"는 필자의 목회철학을 잘 수행하고 있다는 증거이다.

필자는 놀이기구를 잘 타지는 못하지만 초등부와 청소년부에 이끌려서 자주 놀이동산에 간다. 갈 때마다 느끼지만 롯데월드에 간 아이들은 집에 가고 싶어하지 않는다. 그때마다 드는 생각은 '롯데월드가 교회라면 얼마나 좋을까?'였다. 롯데월드는 '꿈과 환상의 나라'라는 수식어가 붙는다. 아이들에게 "꿈과 환상의 나라가 어디지?"라고 물어보면 곧바로 "롯데월드!"라는 대답이 나온다.

그렇다면 '교회'라고 하면 무슨 수식어가 떠오르는가?

지금의 아이들에게 물어보면, "재미없는 곳, 지루한 곳, 뛰어놀면 안 되는 곳, 조용해야 하는 곳" 등의 얘기를 한다. 그런데 필자는 달랐다. 필자가 어렸을 때 생각했던 '꿈과 환상의 나라'는 바로 '교회'였다.

그렇다면 "현재의 교회는 왜 재미가 없을까?"

물론 교회를 재미로 다니면 안 되겠지만, 아이들은 재미가 있어야 간다. 영성도 있고 재미도 있다면 금상첨화이지 않을까?

앞서 언급한대로 필자는 12년 동안 전도를 하면서 '교회는 구시대적이다, 교회는 재미가 없다'라는 결론을 내린 아이들을 많이 봤다. 왜 아이들이 이런 생각을 하는 것일까? 그것은 교회가 계속 전통만을 내세우며 20세기 방법으로 21세기를 살고 있는 아이들을 잡으려 하기 때문이다. 그러니 아이들이 도망갈 수밖에 없다고 생각한다. 그리고 몇몇 보수적인 교회들은 교회를 일부러 재미없게 만드는 것인지, 찬양할 때는 박수도 치지 말라하고, 기도할 때도 부르짖어 기도하지 말라 하며, 교육관에서 아이들과 뛰어놀고 있는 모습을 보면 장로님이 달려와 "교회는 거룩한 곳이니 뛰지 말라"고 한다.

그럼 '아이들은 도대체 어디서 하나님을 만나야 하는가?'

교회에서 좀 뛰어다니고 놀면 안 되나? 교회 교육관을 농구 코트나, 탁구장으로 만들고, 축구장으로 만들어 아이들이 와서 놀기도 하고, 예배도 드리면 일석이조가 아닌가?

수많은 서적과 학교 수업, 교회 교사들은 전도가 안 된다고 얘기한다. 그런데 이러한 얘기는 지금만의 얘기가 아니라 예수님 시대에도, 제자들 시대에도 마찬가지였다. 복음을 반겼던 시대가 과연 있었는가? 사도들에게 "어서 오십시오"하며 반긴 적이 있었는가? 이전에도 힘들었고 지금도 힘들고 앞으로도 힘든 것이 전도이다. 그 가운데 중요한 것은 '마음가짐'과 'action' 이다.

"하고자 하면 방법이 보인다!"

필자가 교사 워크샵이나, 학생들에게 흔히 하는 말이다. 정말 어떠한 것을 하고자 간절한 마음으로 도전한다면 방법이 보이기 마련이다. 그러나 열망이 없다면 변명부터 나올 것이다. 물론 전도의 열망이 없는 교사들은 없겠지만, 열망이 약하다면 '귀찮아서, 시간이 없어서' 등의 변명을 할 것이다.

물론 자신의 삶 가운데 우선순위를 정하는 것은 스스로의 선택이다. 하지만 필자는 '전도'란 '선택할 수 있는 옵션'이 아니라, '하나님의 자녀라면, 예수님의 제자라면, 성령님의 도구라면 당연히 책임지고 수행해야할 주님의 지상대 명령'이라 생각한다.

필자는 침신대 신학과 학부 때 전도학개론 수업을 통해 노방전도를 시작했는데 필자의 내성적인 성격 때문에 힘들었던 기억이 있다. 하지만 회차를 거듭해서 나갈수록 나도 모르게 자신감이 생기기 시작했고, 내 안에 성령님께서 강력하고도 뜨겁게 나를 사용하시는 것을 체험했다.

필자가 만든 '바이블 키월드'도 이러한 뜨거운 영혼 구령의 열정과 도전 정신, 그리고 노력을 통해 얻어진 결과물이다. 내성발톱으로 인해 발톱이 뽑혔음에도 전도를 나갔었고, 청소년부 축구 선교를 하다 왼쪽 전방십자인대가 완전 파열되어 자가건으로 재건술을 한 뒤 2년간 재활을 하면서도 전도를 쉬지 않았던 뜨거운 전도의 열정이 있었다.

"정말! 하고자 하면 방법이 보인다!"

본 도서는 '바이블 키월드'의 이론에서 실제까지의 모든 것을 담았다. '바이블 키월드'는 전도가 어렵고 주저하는 이들을 위한 새로운 전도 프로그램이며, 새로운 성경교육 프로그램이다. 필자는 본 도서를 통해 많은 교회들과 사역자들, 그리고 교사들에게 외치고 싶다.

"전도를 하고 싶은가?"
"무엇을 고민하는가?"
"지금 당장 도전하라!"

각 교회마다 다음 세대의 웃음소리가 넘쳐나며 전도 폭발의 역사가 일어나길 소망한다.

감사의 글

부족하지만 교육선교와 세계복음화를 위해 제한 없이 사용해주시고 지금까지 도우시는 주님의 역사하심이 있었기에 지금의 나의 모습이 있을 수 있음을 고백하며 영원토록 함께하시고 동행 하시는 하나님께 감사와 찬양 영광을 올려드립니다.

본서를 끝까지 포기하지 않고 쓸 수 있도록 계속해서 격려해주시고 조언해주신 김도일 교수님께 진심으로 감사드립니다. 교수님을 통해 공동체 회복과 협력의 교육, 가정과 교회와 마을의 연결성, 다음 세대 교육의 성서적 토대와 신학적 기반 등 여러 가지 영역을 통해 가르쳐주심은 본서가 만들어질 수 있었던 원동력이었습니다.

또한 대학원을 졸업하기 전에 프로그램 하나는 만들어야 한다는 조언을 통해 도전적 마인드를 갖게 하시고 혼신을 다해 가르쳐주신 양금희 교수님께 진심으로 감사드립니다.

그리고 기독교교육과 기독교학교교육, 기독교사 등 기독교교육에 있어서 앞으로 나아가야 할 방향성을 수업을 통해 가르쳐 주신 박상진 교수님께 진심으로 감사드립니다.

또한 고원석 교수님, 이지영 목사님! '바이블 키월드'가 기지개를 펴고 장신대에서 강의와 2018년 교육정책자료집, 교육교회 2018년 6월호에 소개되며 지금의 '바이블 키월드'가 만들어지기까지, 또한 더욱 큰 무대로 나아갈 수 있도록 아낌없는 상담과 조언해 주심을 진심으로 감사드립니다.

총회교육자원부 강사로서 여름 세미나와 다수 노회를 다니며 강의하도록 힘써주시고 '바이블 키월드'가 더욱 발전하도록 아낌없이 도와주신 김치성 목사님, 이미숙 목사님께 진심으로 감사드립니다.

사랑으로 기도해주시며 응원해주신 백은명 목사님, 물심양면으로 후원해주신 기독교한국침례회 교회진흥원 이요섭 원장님, 동생같이 아껴주며 지도해주신 김성집 연구개발팀장님 진심으로 존경하고 감사드립니다. 또한, 허준 교수님, 이정일 목사님! 사랑으로 응원해 주시며 추천해 주심 진심으로 감사드립니다. 나의 신앙의 롤 모델이자 나의 가장 소중한 보물인 나의 아버지 박요한 목사님, 어머니 전하영 목사님, 지금까지 제가 있을 수 있었던 유일한 이유입니다. 깊은 사랑과 은혜, 진심을 다해 감사드립니다. 또한 나의 누나이자 정신적 지주인 박한나 전도사님, 옆에서 가장 많이 도와주고 이끌어줌에 진심으로 감사드립니다. 그리고 '바이블 키월드'의 시작을 도와준 삼성 연구원이자, 나의 매형이자, 나의 자랑인 김다윗 집사님 진심으로 감사드립니다.

그리고 월드사랑교회 전 성도님들과 교회학교 기둥이시며 헌신과 사랑으로 충성하시는 이만성 부장 장로님, 유주연 부장 집사님 진심으로 감사드립니다.

'바이블 키월드' 영문 번역에 힘써주신 박한나 전도사님, 윤미리 선생님, 유승연 선생님 진심으로 감사드립니다. 그리고 밤잠 못 자며 야식 투혼으로 같이 '바이블 키월드'를 만들어낸 월드사랑 기독교교육연구원의 이요섭 선생님, 이하람 선생님, 조안나 선생님, 최예랑 선생님, 허바울 선생님 진심으로 존경하며 감사드립니다. 마지막으로 나의 사랑과 기쁨, 교회학교 학생들에게 감사를 전합니다.

송파동 월드사랑교회, 월드사랑 기독교교육연구원에서
박요엘 전도사

CONTENTS

추천사 · 4

프롤로그 · 12

감사의 글 · 20

CHAPTER 1. '바이블 키월드'는 소통의 키워드다! · 24
1. 달라도 너무 다른 요즘 세대. 급변하는 5G 시대!
2. 아프냐? 나도 아프다! 세대 간의 벽, 그 뒤편의 고통과 현주소!
3. 어떤 약을 발라야 하나?

CHAPTER 2. '바이블 키월드'의 뜨거운 시작! · 50
1. 20대 청춘을 다 바친 12년 노방전도
2. 새로운 것이 필요하다! 런닝맨 전도!
3. 더 새로운 것이 필요하다! 매형의 한마디! "방탈출 하러 가자!"
4. 바로 이거야! 성경과 방탈출의 콜라보레이션! '이것은 블루오션이다!'

바이블 키월드 Key
BIBLE World

CHAPTER 3. '바이블 키월드'의 이해와 교육효과! • 70
1. 방탈출? 그건 뭐하는거야?
2. 놀면서 하는 공부? 공부하면서 하는 놀이? 두 마리 토끼를 잡아라!
3. 교회교육의 새로운 도전! '바이블 키월드'!

CHAPTER 4. 하나님을 알아가는 '바이블 키월드' • 88
1. 기독교교육으로도 안성맞춤인 '바이블 키월드'
2. 기독교세계관 전수의 장, '바이블 키월드'

CHAPTER 5. Never Ending! '바이블 키월드' • 98
1. '바이블 키월드' 교회 안에서 적용하기!
   과감한 예배시간 변경! 원 포인트 성경 교육! 매주 2부 프로그램!
2. '바이블 키월드' 실제! '십자가 사랑' 편!
3. '바이블 키월드'의 미래
4. 교회여 도전하라!

CHAPTER 1

BIBLE KEY WORLD

'바이블 키월드'는 소통의 키워드다!

1. 달라도 너무 다른 요즘 세대. 급변하는 5G 시대!
2. 아프냐? 나도 아프다!
   세대 간의 벽, 그 뒤편의 고통과 현주소!
3. 어떤 약을 발라야 하나?

CHAPTER 1

'바이블 키월드'는 소통의 키워드다!

1. 달라도 너무 다른 요즘 세대. 급변하는 5G 시대!

　필자는 특별히 교회학교 안에서 초등부와 청소년부에 관심이 많았다. 평소에도 아이들과 같이 놀며 시간을 보내고 대화를 많이 하는 편이라 친구처럼 친하게 지낸다. 그래서인지 아이들은 다른 사람에게 말하지 않는 마음속 이야기도 서슴없이 해준다. 많은 시간을 함께 하면서 누구보다 아이들을 잘 이해하고 눈빛만 봐도 통하는 사이가 되었다.

　많은 사람들이 청소년과의 소통을 힘들어하고, 어색해하며, 어려움을 느꼈던 경험들이 있을 것이다. 그것은 다음 세대에 대한 이해가 미숙하고 그들의 특성을 잘 알지 못한 채 아이들과 무작정 소통을 원했기 때문이다. 필자도 아이들과 막역한 사이가 되기까지는 꽤 많은 시간과 노력, 사랑이 필요했다.

그래서 필자는 '바이블 키월드'의 주요 대상인 다음 세대, 급변하는 디지털 시대에 살고 있는 아동기부터 청소년기(6-18세)에 대한 시대적, 발달적 특징들을 짚어보려고 한다.

1) 시대적 특징

시대적 특징의 내용은 『네이버 지식백과』를 참고했다. 대표 키워드는 '지구촌' '인터넷' '4차 산업혁명' '융합' '유비쿼터스'이다.

① 지구촌

다음 세대가 살고 있는 21세기는 지구촌의 시대이다. 인터넷으로 전 세계가 하나로 연결되어있다. 다음 세대의 문화는 이미 아날로그를 넘어서 디지털이 자리잡았다. 뿐만 아니라, 디지털과 아날로그 정서가 융합된 첨단 기술이 익숙하다. 따라서 다음 세대를 이해하기 위해서는 아이들이 몸담고 있는 시대의 특성을 알아야 할 것이며 나아가 그들을 바르게 이끌 기독교적 통찰력을 가지고 있어야한다.

한 국가에서만 이루어졌던 사람들의 교류가 이제는 전 세계로 쉽게 확대된다. 세계의 흐름과 방향을 이해하기 위해서 우리는 시야를 넓혀 지구촌을 이해하고, 그 속에서 올바르게 기독교적 가치관을 가지도록 힘써야 할 것이다.

② 인터넷

우리는 인터넷 없인 답답하여 살 수 없는 5G 인터넷 세상에 살고 있다. 관공서의 업무 및 민원처리부터 온라인쇼핑에 이르기까지 아이, 어른을 막론하고 인터넷을 활용하지 못하는 자는 시대에 뒤떨어지는 느낌을 받는다. 청소년들은 인터넷 세상속의 언어와 문화, 흐름에 동화되지 않으면 그들의 집단에서 소외되기도 하며 인터넷을 활용하여 친구들과 대인관계를 맺고 의사소통을 하는 것이 아주 자연스럽다. 현재 통신규격은 5G까지 발전했다. 더 빠르게 다른 사람들과 만나고 정보를 주고받을 수 있으며, SNS를 통하여 전 세계에 직접 나가지 않고도 서로 교류 할 수 있게 되었다.

하지만 사람과 사람이 만나는 장벽이 더 낮아졌다는 장점이 있는 반면 이를 악용하는 부작용 또한 많아졌다. 익명성을 이용하여 악플로 상대방을 비방하거나 보이스피싱, 해킹 등 각종 사이버 범죄가 늘어나고 있기에 효과적 대처가 필요하다. 온라인 게임 상에서 만나 일어나는 범죄들, 게임중독, 분별없이 만나는 대인관계로 인한 위험이 심각하다. 그렇기 때문에 우리는 아이들이 인터넷의 노예가 되지 않고 죄를 짓지 않도록, 다음 세대가 분별력 있게 인터넷을 사용하고 건강한 교류를 할 수 있도록 올바른 기독교세계관을 심어주어야 한다.

③ 4차 산업혁명

4차 산업혁명이란 로봇과 인공지능(AI)을 통한 실제와 가상의 현실이 통합되어 사물을 자동적으로 또는 지능적으로 마음껏 조절하고 제어할 수 있는 물리적 시스템의 구축이다. 간단하게 말하면 정보통신기술(ICT)의 융합으로 나타나는 차세대 산업혁명이라 할 수 있겠다. 4차 산업혁명은 초연결과 초지능이란 특징을 가지고 있어서 기존의 산업혁명과 비교했을 때 더 넓게 접근이 가능하며, 더 빠르게 발전하며, 더 큰 영향을 끼칠 수 있는 혁명이므로 우리는 이 시대의 성장을 읽는 눈을 갖기 위해 꾸준히 연구하려는 노력을 해야 할 것이다.

④ 융합

4차 산업혁명에서 빼놓을 수 없는 것은 바로 '융합'이다. 융합의 사전적 의미는 다른 종류의 것들을 녹여 서로 구별 없이 하나로 만들어지는 것을 말한다. 전 세계적으로 교육이나 과학 등 각 분야별 학문들도 서로 결합하고 응용되어 새로운 분야가 만들어지고 있다.

4차 산업혁명이 일어나고 있는 지금이 융합의 절정기라 해도 과언이 아니다. 필자의 '바이블 키월드' 역시 이러한 융합의 특성을 지닌다. 과학과 신학, 수학과 신학, 미술과 신학 등 여러 색깔로 결합되고 재창조되어 기독교교육의 새로운 패러다임을 만들어 내고 있다.

⑤ 유비쿼터스

유비쿼터스는 4차 산업혁명과 사물 인터넷, 인공지능, 빅데이터 등 여러 가지 발전된 오늘날의 결과물이다. 언제 어디에서나 복잡하지 않고 편하게 컴퓨터를 활용할 수 있고, 현실 세계와 가상 세계를 결합시킨 것이다. 한 마디로 사용자가 장소에 제한 없이 자유롭게 네트워크나 컴퓨터에 바로 접속할 수 있는 정보통신 환경이다. 기술이 나날이 발전함에 따라 우리는 편안함을 누릴 수 있게 되었다. 하지만 이러한 인공지능 및 유비쿼터스 기술에 의존하여 우리 인간의 주도권을 다 내어주는 것은 위험하다. 편리함에만 의존하다 훗날 기계에게 정복당하지 않으려면 인도주의적 측면을 고려한 판단력과 올바른 기독교적 세계관이 있어야한다.

2) 발달적 특징

발달적 특징의 내용은 필자가 공부했던 장신대의 박상진 교수님의 저서인 『교회교육현장론』의 내용을 발췌한 것이다. 내용으로는 아동기와 청소년기의 신체 발달 특성, 인지 발달 특성, 심리사회 발달 특성, 신앙 발달 특성이 있다.

① 신체 발달 특성

아동기 때의 신체 발달적 특성은 키와 몸무게가 점진적으로 증가한다는 것이다. 어깨도 넓어지며 팔다리도 길고 얇아지면서 유아기 때보다는 훨씬 가늘어진 신체적 특징을 보인다. 아동기 때는 '성장통'을 겪는다. 이것은 근육이 점점 자라나는 신체를 따라 적응하는데 이때 근육이 서로 양쪽에서 당기는 듯한 통증을 느끼는 것을 말한다. 최근에는 성장이 가속화하여 아동기 말기에도 사춘기가 오기도 한다.

사춘기는 신체의 호르몬 변화로 오는 신체, 성적 성숙이 일어나는 기간이다. 여아는 남아보다 약 3년 정도 먼저 사춘기가 시작되므로, 10-12세에는 여아가 남아보다 보편적으로 키도 더 크고, 몸무게도 더 무겁다.

사춘기가 시작되면 남아는 근력이 많아지기 때문에 힘과 속도 면에서 여아보다 앞서는 반면, 여아는 체지방이 많아져서 곡선미가 생긴다.[1] 그러나 중요한 부분은 아동기의 신체 크기와 발달 속도는 개인차가 크다는 것인데 이때 개인차로 인한 또래 아이들 간의 차별이 없도록 잘 지도해야 할 것이다.

청소년기의 신체 발달적 특성은 신체의 변화와 발달이 급격하게 이루어진다는 것이다. 체형의 변화, 제 2차 성징의 출현, 생식기관의 성숙, 키와 몸무게의 증가 등이 나타난다. 이 시기에는 키와 몸무게가 급

---

1) 박상진, 『교회교육현장론』 (서울: 장로회신학대학교출판부, 2010), 69.

격하게 성장하는데 초반에는 남자에 비해 여자의 성장 속도가 빠르다. 또한 이후에는 내분비선이 발달하여 2차 성징이 나타난다. 이러한 육체의 발달은 신체, 생리적 변화와 인지, 심리, 사회적 발달과 밀접한 연관이 있다. 신체의 운동 능력의 우열, 결함의 유무, 건강의 여부는 사회적, 정서적, 지저인 모든 활동에 영향을 준다.[2] 또한 성적 발달은 제 2차 성징을 나타내고, 남녀의 성적인 차이를 분명하게 하여 자아정체감 형성에 큰 영향을 미치게 되며 이성에 대한 호기심을 갖게 한다. 그러므로 이때 자신의 갑작스러운 변화에 두려워하는 청소년들을 잘 상담하여 고민과 불안에 빠지지 않도록 이끌어주어야 할 것이다.

② 인지 발달 특성

아동기 때는 인지 능력이 유아기에 비해 많은 발전을 나타낸다. 좀 더 논리적으로 생각하며, 구체적으로 상징을 활용하고, 사물의 다양한 측면을 헤아려 결론을 이끌어내고, 타인의 관점을 이해하게 된다. 또한 유아기 때의 비가역적 사고에서 가역적 사고로, 중심화 형상에서 탈 중심화 형상으로, 직관적인 사고에서 논리적인 사고로 변한다.[3] 중추 신경계의 성숙이 아동기의 주의집중 능력을 발달시키며, 기억력의 증가와 지식 기반의 확대 등으로 보다 효과적으로 기억할 수 있게 되며, 언어발달로 의사소통 기술이 크게 발달한다. 그러므로 이때에 스

---

2) ibrd, 70.
3) ibrd, 71.

토리텔링 형식의 교육을 하면 효과적인 교육을 기대할 수가 있다.

청소년기는 급진적 신체 변화와 같이 지적인 능력도 급격한 발달을 이룬다. 지적 활동은 창조, 상상, 추리, 이해, 사고, 기억 등 선택하며 판단하는 활동이다. 이 시기의 청소년들은 앞으로 자신이 헤쳐 나갈 세상에 대한 생각을 한다. 이러한 가운데 새로운 유토피아의 개념을 갖게 된다. 현대 사회와는 다른 가상 사회에 대한 꿈을 그리기도 한다.[4] 그렇기 때문에 이 시기에 청소년들의 지적 활동이 활발하게 일어날 수 있는 환경을 만들어주고, 자신에게 문제가 다가왔을 때 보호자가 나서서 해결하는 것보다 청소년들 스스로가 문제를 하나씩 해결하도록 격려해주는 것이 좋다. 또한 청소년들과 많은 대화를 갖으며, 꿈과 비전을 갖도록 지도하고, 올바른 가치관을 형성할 수 있도록 도움을 줄 때 청소년기의 방황과 탈선을 막을 수 있는 가장 좋은 예방책이 될 것이다.

③ 심리・사회 발달 특성

6-11세의 아동기를 에릭슨은 '근면성 대 열등감'의 단계라고 주장한다. 이 단계는 자아가 성장하는데 중요한 시기로써, 다른 아이들과 학교생활을 하면서 과제를 수행하는 방법을 배우고, 자신이 해낸 일의 성취감을 누리게 된다. 따라서 큰 성취감을 경험할 수 있도록 많은 계기와 다양한 환경들을 제공하며, 자신이 해야 할 일에 대한 열정을 갖

---

4) ibrd, 72.

도록 근면성을 키워주는 것이 중요하다.[5] 그러나 반대로 기회를 갖지 못하고 저지당할 경우에는 오히려 열등감을 갖게될 수 있다. 그리고 열등감으로 인해 자존감이 낮아질 수도 있다. 그러므로 이 시기에 아동이 주눅 들지 않고 잘 이겨낼 수 있도록 잘 이끌어주는 것이 중요하다.

   11-18세의 청소년기에는 급격한 신체의 변화와 동시에 여러 가지 사회적 기대와 요구들을 만나게 되는데 이 시기를 에릭슨은 '정체성 대 역할 혼돈'의 단계라고 주장한다. 이 시기에는 자신이 누구인지, 자기 자신의 정체성에 대하여 관심을 갖게 된다. 이 시기에는 중요한 사회적 관계인 또래 친구들과 어울리며 자신의 정체성을 확인한다. 특히 어떤 누군가를 사모하거나 추종하면서 자신을 마치 그 사람과 동일시하려고 한다. 왜냐하면 자신의 정체성을 확실하게 확인하지 못하면 자신이 누구인지, 무엇을 해야 하는지를 모르게 되는 역할 혼돈을 경험하기 때문이다.[6] 이때에 형성된 자기 정체성은 훗날의 직업 선택이나, 미래의 배우자 선택 및 사회적 활동 등에 결정적인 영향을 미친다. 그러므로 이 시기에 청소년들을 공동체에 소속시키는 것이 굉장히 중요하게 작용될 것인데, 필자의 '바이블 키월드'는 개인주의가 넘쳐나는 지금 이 시대에 공동체 형성과 청소년들을 교회로 이끌어내어 건강한 기독교적 가치관을 확립하는데 효과적인 역할을 수행할 것이라고 전망한다.

---

5) ibrd, 78.
6) ibrd, 79.

④ 신앙 발달 특성

제임스 파울러는 아동기를 '신화적이고 문자적인 신앙의 단계'라고 주장한다. 이 시기에는 자신이 속해있는 집단의 신앙, 관습, 이야기 등을 스스로 받아들인다. 때문에 이 시기에는 소속감이 굉장히 중요한 욕구이다. 피아제는 이 시기를 '구체적 사고'가 가능한 시기라고 주장하며, 이로 인해 유동적이고 삽화적이었던 사고에서 일렬적이고 설화적인 사고가 가능해진다고 말한다. 자신의 경험을 순서적으로 일련의 사건으로 정리하며 다른 사람의 시점에서 사물과 사건을 보는 능력이 생겨난다. 이 시기는 인간관계에서 큰 변화를 가져오는데 이 시기에 특히 상호공정성을 중요시하는 도덕적 개념을 갖는 것이 이러한 이유 때문이다. 공동체는 이야기를 제공하여 구성원들이 사회나 자연 세계를 바라보는 해석적 틀을 제공한다.[7] 그러므로 이 시기의 아동들을 교회 공동체로 소속시키는 일은 신앙 발달에 있어서 굉장히 중요하며, 기독교적 가치관을 형성하는데 큰 영향을 끼친다고 할 수 있다.

제임스 파울러는 청소년기를 종합적이고 인습적인 단계로 보았다. 이 시기는 가정을 뛰어넘어 또래 집단, 거리, 대중매체, 일터, 학교 등의 환경으로 확장된다. 여러 집단들을 경험함으로써 정리되고 종합된 신앙이 되어야 한다. 이 시기의 가장 큰 특성은 논리적 사고의 성숙이다. 이제 추상적, 가상적 사고가 가능해지며 일반적인 신학적 개념들을 이

---

7) ibrd, 83.

해한다. 이는 관점 채택에 큰 변화를 가져 오는데, 다른 사람들이 자신에 대해 생각하는 것들을 느끼게 된다. 그리고 시간이 지나면서 점점 주변의 중요한 사람들에 대한 느낌, 생각, 기대, 관점에 민감해지고 이것이 자기 자신의 신앙이나 정체성을 형성하는 기초와 도움이 된다.[8]

그렇기 때문에 이 시기에 건강한 신앙의 사고를 심어주는 작업이 중요하다. 그러나 보편적 인습에 따른 신앙을 갖기 쉬우므로 자신의 깊은 반성과 비판을 통한 신앙을 소유하도록 잘 지도해야 한다.

2. 아프냐? 나도 아프다! 세대 간의 벽, 그 뒤편의 고통과 현주소!

정보의 홍수시대는 세대간의 갈등을 더욱 부추기고 있다. 다음 세대는 급변하는 정보를 빠르게 습득한다. 그리고 여기에 각자의 개성을 존중하는 사회 풍토가 합쳐지며 기존 세대와 달라도 너무 다른 세대적 특징을 보인다. 옛날에도 "요즘 애들은 우리랑 달라"라는 말을 했었겠지만 현대사회는 더욱이 세대 간의 대화가 잘 통하지 않는 시대가 되어버렸다.

오늘날은 하룻밤 사이에도 수많은 정보들이 인터넷을 타고 들어와 다음 세대의 뇌리 속에 저장된다. 그만큼 빠르게 그들만의 문화가 형

---

8) ibrd, 84.

성되고 정보가 공유된다. 그에 반해 어른들은 급변하는 시대의 속도에 따라가지 못하고 아이들이 그들끼리 만들어내는 문화의 모습과 특징을 알아채기 어렵다. 그렇게 때문에 어른들은 다음 세대의 행동을 이해하지 못하고 답답해 한다. 이런 이유로 다음 세대는 학교, 가정, 사회 모든 곳에서 세대 간 소통의 부재, 세대 간의 벽으로 인한 고통을 받고 있다.

고통당하는 다음 세대의 현실에 대한 내용은 필자가 공부했던 장신대 박상진 교수의 저서인 『교회교육현장론』에서 발췌했다. 학교에서 당하는 고통, 가정에서 당하는 고통, 사회에서 당하는 고통으로 그 내용을 정리했다.

1) 학교에서 당하는 고통

다음 세대들은 하루의 반나절을 학교에서 보낸다. 그러나 학교는 우리 다음 세대들에게 더 이상 그리 안전한 지대가 아니다. 최근 학교 내에서 발생하는 학교 폭력은 상상 그 이상으로 심각한 상태에 이르렀다. 어느 고등학교에서는 동급생들로부터 집단 학교 폭력을 당한 학생이 끝내 목숨을 잃었고 사회적으로 큰 이슈가 되었던 '일진회' 이야기도 배움의 장인 학교가 무서운 전쟁터로 변해버린 사건이었다.[9] 집단

---

9) 박상진, 『교회교육현장론』 (서울: 장로회신학대학교출판부, 2010), 88-89.

따돌림과 왕따 문제도 이제는 바로 자살로 이어지기 경우가 많아 가볍게 넘기거나 눈감을 수 없는 심각한 사회 병리적 현상이 되었다.

청소년 자살은 해가 갈수록 늘어나고 있다. 자신의 비전과 꿈보다 입시만을 강조하는 교육 시스템에 억눌려 그 무게를 이기지 못했던 학생들은 해서는 안 될 선택을 해버렸다. 어디서부터 잘못되었을까? 우리 다음 세대들은 왜 이런 고통을 받고 살아야 하는 것일까? 깊은 탄식을 부르는 사건들을 언제까지 가만히 보고만 있어야 할까? 이제는 이들을 고통에서 빠져나오게 할 실제적 대응방법과 법적인 해결책이 필요하다고 생각된다.

2) 가정에서 당하는 고통

현대 사회의 가장 급격한 변화에 가정의 변화를 빼놓을 수 없다. 많은 가정들이 전통적인 가정의 개념에서 벗어나 있다. 가정이 해체되고, 가정의 의미나 개념이 아예 바뀌는 상황이 되었다. 원시 수렵사회에서는 소규모 가족이 중심이었고, 농업혁명시대에서는 대규모 가족이, 산업화시대에선 핵가족이 중심이었다. 현재 정보화 사회에서는 탈핵가족화 현상이 빠르게 일어나고 있다. 이는 전통적인 가족과 가정의 고정관념을 깨고 새로운 삶의 방식을 추구하는 동거, 독신, 계약적 결혼, 동성 가족, 편부모 가족 등으로 이루어진 가족을 의미한다.

이러한 가족의 형태 변화로 인해 이혼율이 급증하는 현상이 일어났고 그 일을 겪는 다음 세대들은 말로 표현할 수 없는 고통을 겪게 되었다. 이혼의 이유 중 가장 큰 비율을 차지하는 원인은 '가정 폭력'이라고 한다. 아동학대의 문제 또한 심각해졌다. 아동학대를 당하는 아이들은 신체적, 정신적으로 깊은 상처를 받아 세상을 깊은 불신감 속에서 살아가고 있다.[10] 하나님께서 만드신 가장 작은 공동체인 가족에게 이러한 문제들이 발생하는 것은 더 이상 눈감아선 안 되는, 해결해야 할 가장 큰 과제이다. 하루속히 가족 공동체의 회복이 일어나 다음 세대가 웃을 수 있고 더불어 모든 세대가 행복해지도록 노력해야한다.

3) 사회에서 당하는 고통

앞서 언급한 학교와 가정에서 받은 고통은 다음 세대들을 학교와 가정 밖으로 내몰게 되는 가장 큰 이유가 된다. 그로 인해 나타나는 아이들의 가출은 학교와 가정에서 고통당하는 문제들에 의한 결과이다. 가출은 비행과 범죄의 시작점이 될 수 있기에 더욱 대책이 필요하며, 다음 세대의 성장 발달 과정에 있어 큰 해가 될 수 있기 때문에 문제가 심각하다.

다른 이유로 공교육의 황폐화 또한 학교 중도 탈락자들을 만들어

---

10) ibrd, 89-92.

내고 있다. 한 해 약 7만 명의 학생들이 학교 중도 탈락자가 되는데 이는 중첩적인 고통의 현상으로 이해되며 이 문제를 해결하는 노력이 시급하다.

다음 세대의 또 다른 고통은 성매매이다. 청소년을 성적인 놀잇감으로 보고 이들의 성적 탈선을 유도하는 잘못된 사회 환경 때문에 성매매와 성폭력 범죄가 나날이 늘어나고 있다. 최근에는 사회 지도층까지도 청소년들을 매수해 성적 쾌락을 일삼는 일이 급증하고 있다. 성매매 범죄의 대상이 된 다음 세대들은 올바른 가치관을 가져야 할 것이며 그 전에 이들을 성매매 대상으로 만든 사회적 구조를 제대로 심판하고 성인들의 책임을 물어 정당한 처벌을 받게 해야 한다.[11] 피해 아동과 청소년들에 대한 관심과 치료, 보호가 필요하며 기독 상담을 통하여 이들이 빨리 회복할 수 있도록 돕고 건강한 기독교 가치관을 가질 수 있도록 해야 할 것이다.

결론적으로 우리는 학교와 가정, 사회에서 끝없이 고통 받고 죽어가는 다음 세대들의 신음 소리에 귀 기울여야 하며 지속적인 관심과 사랑을 주어야한다. 서로 경쟁하며 시기, 질투로 인한 개인주의와 파편화된 관계 구조에서 벗어나 서로 협력하고, 사랑하며, 도와주고 보살피는 공동체의 실현이 일어날 수 있도록 교육 제도의 개선이 일어나야한다. 그러할 때에 다음 세대가 치유될 것이며 그들이 새로운 삶을

---

11) ibrd, 93.

얻게 될 것이고 비로소 우리가 꿈꾸는 부흥을 맛보게 될 것이다.

3. 어떤 약을 발라야 하나?

필자는 알게 모르게 고통 받고 있는 다음 세대를 보면 마음이 너무 아프다. 보이는 상처는 약을 발라 치료할 수 있지만 보이지 않는 마음의 상처는 일반 약으로 치유되지 않는다.

'어떤 약을 발라야 하나?'

진정으로 다음 세대가 올바른 삶의 목적과 건강한 기독교 세계관을 가지려면 어떻게 해야 할까? 삶 속에서 소망을 갖고 예수님과 함께하는 행복한 삶을 영위하게 하는 방법에는 무엇이 있을까?

필자는 이러한 고민 가운데 성경을 들여다보았고, 다음 세대에게 '구약'(Old Testament)과 '신약'(New Testament)이 필요하다는 것을 확신하며, 다음 세대와 소통하기 위한 '바이블 키월드'의 성서적 토대를 정리해 보았다.

1) 구약(Old Testament)

먼저 다음 세대에게 필요한 구약의 말씀은 출애굽기 말씀이다. 출애굽기에 나오는 노예 신분의 히브리 백성들은 노예 신분으로부터의 해방과 억압받는 삶에서의 자유를 향한 간절한 소망이 있었다.

이 백성들의 신음소리를 하나님께서 들으셨는데, 이는 출애굽기 3장 7절의 말씀에 언급되어 있다.

> "여호와께서 이르시되 내가 애굽에 있는 내 백성의 고통을 분명히 보고 그들이 그들의 감독자로 말미암아 부르짖음을 듣고 그 근심을 알고"(출 3:7)

그리고 하나님께서는 이러한 히브리 백성들을 향한 계획을 출애굽기 3장 8-10절을 통해 약속해주셨다.

> "내가 내려가서 그들을 애굽인의 손에서 건져내고 그들을 그 땅에서 인도하여 아름답고 광대한 땅, 젖과 꿀이 흐르는 땅 곧 가나안 족속, 헷 족속, 아모리 족속, 브리스 족속, 히위 족속, 여부스 족속의 지방에 데려가려 하노라 이제 가라 이스라엘 자손의 부르짖음이 내게 달하고 애굽 사람이 그들을 괴롭히는 학대도 내

가 보았으니 이제 내가 너를 바로에게 보내어 너에게 내 백성 이스라엘 자손을 애굽에서 인도하여 내게 하리라"(출 3:8-10)

이러한 하나님의 말씀은 억눌리고 압박 가운데 있는 히브리 백성들의 삶에 해방과 참 자유, 희락, 행복을 주고, 서로 함께 보살피고, 협동하는 삶을 살도록 계획하신 것이었다. 이 약속의 말씀은 고통과 외면으로 외로운 다음 세대에게 힘과 위로를 주고, 하나님이 함께하신다는 소망을 준다.

이 말씀은 필자가 만든 '바이블 키월드'의 지향점이다. '바이블 키월드'의 지향점은 경쟁 심리와 억눌림으로 지친 다음 세대가 자유와 행복을 느끼며, 서로 경쟁하는 것이 아니라 함께하고, 보살피며, 협동하는 삶을 이루게 하는 데에 있다. 이러한 점에서 출애굽기 말씀은 현실의 고통을 느끼는 다음 세대에게 소망을 가져다주는 약이며, '바이블 키월드' 역시 이와 연관성이 있어 치유 프로그램으로 손색없을 것이라 확신한다.

2) 신약(New Testament)

다음으로 다음 세대에게 필요한 신약의 말씀은 '해방'이라는 주제로 로마서 6장 18, 22절, 8장 2절의 말씀이다.

"죄로부터 해방되어 의에게 종이 되었느니라"(롬6:18)

로마서 6장 18절의 말씀을 보면 먼저 죄의 종 되었던 인간의 모습을 알 수 있다. 그러나 예수 그리스도의 십자가 사랑을 믿고 영접하면 우리는 죄의 종에서 해방되어 의의 종이 될 수 있다.

"그러나 이제는 너희가 죄로부터 해방되고 하나님께 종이 되어 거룩함에 이르는 열매를 맺었으니 그 마지막은 영생이라"(롬 6:22)

또 로마서 6장 22절 말씀에서 우리의 정체성을 정확히 이야기한다. 우리는 죄에서 해방되어 하나님의 종이 되고, 거룩함에 이르는 열매를 얻어, 마지막은 사망이 아닌 영생이라고 말씀한다.

이는 죄의 종인 다음 세대가 시기, 질투, 경쟁이 난무하는 사회의 개인주의에서 벗어나 예수 그리스도를 영접할 때 생기는 변화로 적용이 가능하다. 그들은 의의 종이 될 것이며, 경쟁 대신 협력과 연대를 추구하고, 서로를 보살피며, 예수 그리스도 안에서 거룩함에 이르는 열매를 얻을 것이다. 그리고 마침내 그들 또한 우리와 같이 영생하게 되는 복된 인생으로 전환될 것이다.

"이는 그리스도 예수 안에 있는 생명의 성령의 법이 죄와 사망의 법에서 너를 해방했음이라"(롬 8:2)

결론적으로 로마서 8장 2절의 말씀을 통해 생명의 성령의 법이 우리 다음 세대를 둘러싸고 있는 죄와 사망의 법으로부터 완전한 해방을 얻게 해 줄 것이다.

그러므로 다음 세대가 받아야 할 교육의 방향은 죄의 종노릇 하던 과거에서 벗어나 의의 종이 되고 영생 복락을 누릴 수 있도록 돕는 쪽으로 진행되어야 한다.

필자의 '바이블 키월드'도 하나님 말씀과 복음을 중심으로 구성되어 있고, 예수 그리스도의 십자가 사랑을 다루고 있다. 그러므로 '바이블 키월드'는 죄의 종에서 해방시켜 의의 종으로 이끄는 데에 도움을 줄 것이다.

마지막으로 다음 세대에게 필요한 신약의 말씀은 '자유'라는 주제로 누가복음 4장 18절, 요한복음 8장 32, 36절의 말씀이다.

"주의 성령이 내게 임하셨으니 이는 가난한 자에게 복음을 전하게 하시려고 내게 기름을 부으시고 나를 보내사 포로 된 자에게 자유를, 눈 먼 자에게 다시 보게 함을 전파하며 눌린 자를 자유롭게 하고"(눅 4:18)

먼저 누가복음 4장 18절의 말씀을 통해 우리는 성령 충만을 받아 영적으로 가난하고 주린 다음 세대에게 생명의 떡이 되신 예수 그리스도를 선포하고, 포로 되고 억눌린 자에게 자유를 주는 교육을 해야 함을 깨닫는다.

"진리를 알지니 진리가 너희를 자유롭게 하리라" "그러므로 아들이 너희를 자유롭게 하면 너희가 참으로 자유로우리라"(요 8:32,36)

또한 요한복음 8장 32, 36절에서 말하듯 말씀의 진리 되시며 참 자유를 주시는 분은 오직 예수님 뿐이심을 다음 세대에 전파해야 한다. 그래서 그들이 거짓과 탐욕, 시기 질투, 경쟁, 절망과 억눌림 가운데서 참 자유를 주시는 예수님께로 나아갈 수 있도록 교육해야 한다.

'바이블 키월드'는 진리 되신 예수님의 말씀과 진리이신 예수님을 선포하는 프로그램이다. '바이블 키월드'에 참여한 다음 세대들이 진리 되신 예수님을 직접 체험하고 기쁨을 맛보며, 더 이상 거짓과 탐욕에 억눌린 과거에 머무르지 않고, 진리와 참 자유 되신 예수님 앞으로 나아갈 수 있기를 바란다.

'바이블 키월드'는 다음 세대에게 꼭 필요한 하나님의 약속의 말씀을 직접 체험하는 효과적인 약이 될 것이다.

3) 예수피로 마무리! 우린 한 가족!

상처에 약을 발라 치유되었다고 해서 안심해선 안 된다. 또다시 상처가 날 수 있기에 조심하고, 예방해야 하며, 다칠 수 있는 환경에 가지 않도록 주의해야 한다.

필자는 다음 세대가 건강하며 올바른 기독교 세계관 안에서 자라나려면 개인주의가 아닌 공동체의 연합과 교제를 기반으로 한 공동체의 '코이노니아'가 필요하다고 생각한다.

'코이노니아'[12]란, 『네이버 지식백과사전』의 사전적 의미를 참고하면 '교제' '사귐'(요 4:9; 행 10:28)이란 뜻과 '참예함'(고전 10:16; 고후 8:4; 빌 3:10; 4:5; 딤전 4:13; 요이 1:11) '나눠줌'(히 13:16), '친구' '동무'(고후 8:23; 몬 1:17) 등 여러 가지 의미로 번역되고 있다. 그러나 '코이노니아'의 원래 뜻은 (좋은 것을) '함께하다'(갈 6:6)로 볼 수 있는데, 이는 결국 친밀한 교제를 의미하는 것이다. 또한 '코이노니아'는 성경에서 크게 두 가지의 의미로 사용되는데, 첫째, 하나님과 인간 사이의 교제(요일 1:3), 둘째, 인간과 인간 사이의 친교(요일 1:7)이다. 이 둘은 별개가 아닌 밀접한 관계를 갖고 있다. 구약 시대에는 하나님과 백성 사이의 교제(출 19:5-6)와 하나님과 특별한 개인과의 교제(출 33:9-11)가 나타나기도 했다. 신약 시대에는 예수 그리스도를 통해 새로운 의

---

12) "코이노니아", 『네이버 지식백과』

미의 교제로 승화되고 있다. 하나님께서는 우리를 그리스도와 교제하기 위해 부르셨다(고전 1:9). 이 교제는 단순한 개인적 경험을 넘어서, 그리스도의 몸 된 교회를 이루는 기초가 된다(엡 4:16).

결국 그리스도와의 교제는 그리스도의 몸 된 교회가 각 지체들과 성도들 간의 교제를 하는 것이다. 이러한 '코이노니아'의 의미인 성도와의 교제를 중심으로 다음 세대가 성장해야 된다. 현대 사회는 지극히 개인주의가 많아지고 있고 이러한 상황이 우리 다음 세대의 가치관에 큰 영향을 끼치고 있다고 본다.

그리하여 필자는 다음 세대에 개인주의가 아닌 공동체의 연합과 협력, 새로운 만남, 연대가 이루어져야 한다고 생각한다. 이것이 고통 받고 있는 다음 세대를 치유하며 회복하고 참 기쁨과 환희, 천국을 미리 맛보게 할 수 있다고 생각하기 때문이다. 하나님의 구속방식도 개인과 공동체 속에 '코이노니아'를 불러일으키고 확신시켜 나감으로써 이루어가는 방식이다. 예수님이 12제자를 부르시고 훈련시키신 방법도 12제자 공동체 속에 '코이노니아'를 조성하는 방법을 사용하셨다.

구약에서 하나님은 아브라함, 이삭, 야곱, 요셉, 모세를 부르시고 '코이노니아'를 통하여 소명을 이루어가셨다. 신약에서도 베드로, 야고보, 요한 도마, 빌립, 바울, 디모데 역시 성부, 성자, 성령의 '코이노니아'가 그들 각자의 심령 속에 그들의 만남과 모임 속에 이루어지게 함으로 예루살렘에서부터 땅 끝까지 복음이 전파되도록 하신 것이다. 이처럼 구약성서와 신약성서에 나타난 '코이노니아'의 방식은 오늘날 침체된 한국교회와 고통 받는 다음 세대를 살리는 생명의 원동력이 될 것이라고 생각한다.

무한 경쟁사회 속에 살고 있는 다음 세대에게 필요한 것은 예수 그리스도 안에서 이루어지는 참된 '코이노니아'이다. 참된 교제가 끊어지고 단절된 다음 세대는 당연히 침체되고 고통 받아 죽을 수밖에 없다. 이러한 다음 세대에게 생명을 주는 교육 방법이 '코이노니아'이며, 신앙 공동체 안에서의 교제이다.

'바이블 키월드'는 이러한 '코이노니아'를 중심으로 하는 성경교육 프로그램이다. 압박과 경쟁, 절망할 수밖에 없는 삶에서 협력하고 연대하고 서로 보살피는 것, 이러한 가운데서 소망을 품고 천국을 미리 맛보게 하는 것이다.

CHAPTER 2

BIBLE KEY WORLD

'바이블 키월드'의 뜨거운 시작!

1. 20대 청춘을 다 바친 12년 노방전도
2. 새로운 것이 필요하다! 런닝맨 전도!
3. 더 새로운 것이 필요하다! 매형의 한마디!
   "방탈출 하러 가자!"
4. 바로 이거야! 성경과 방탈출의 콜라보레이션!
   '이것은 블루오션이다!'

CHAPTER 2

'바이블 키월드'의 뜨거운 시작!

1. 20대 청춘을 다 바친 12년 노방전도

'십 년이면 강산도 변한다.'

하지만 12년이 지난 필자의 모습은 여전히 변함이 없다. 아직까지도 영혼을 사랑하며 영혼 구원을 위해 달려 나가는 노방전도는 쉼이 없다.
2008년 침례신학대학교 신학과에 입학해 공부를 했고 금요 노방전도를 시작했다. 노방전도라고 하면 아무에게나 가서 무턱대고 말로 복음을 제시하는 모습을 떠올린다. 그러나 이 방법은 필자가 생각해도 현 시대의 사람들에게 부담스럽고 꺼려지는 방법이라 생각한다. 이제는 '복음을 제시 하는 방법도 시대의 흐름에 따라 바뀌어야 할 때가 아닌가?' 하는 생각이 든다.

　필자도 처음에는 말로 복음제시를 하면서 전도를 시작했지만, 현재는 공원에 테이블을 설치하여 아이들이 좋아하는 미로 찾기나, 숨은 그림 찾기, 간단한 문제풀이, 페이스페인팅 등 보기에 흥미로운 요소들을 더하여 교육적으로 다가가고 있다. 그렇게 만남을 거듭하면 아이들과 친숙해지고 부모님들과의 관계도 형성된다. 마음의 문이 열렸을 때 자연스레 복음을 제시하는 지혜로운 노방전도를 시도중이다.

　필자가 2008년부터 지금까지 노방전도를 하며 내린 결론은 '여전히 교회는 구시대적이고 재미 없다'라는 것이다. 시대는 계속해서 변하고 발전하는데 교회는 계속 전통만을 고집하고 주장한다. 그러면서도 부흥은 원하고 있다는 것이다. 이것은 앞뒤가 맞지 않는 말이다. 어떻게 20세기의 방법으로 21세기의 아이들을 전도하려고 하는 것인가? 필자는 이해가 가지 않았다.

　대부분의 교회 역시 아이들을 사로잡지 못하고 있다. 교회는 재미가 없다. 물론 교회를 재미로 가는 곳은 아니지만 요즘 아이들은 재미가 없으면 움직이지 않는다.

　당신은 전도할 때 어떻게 이야기 하는가? 설마 아직까지도 "하나님은 당신을 사랑하십니다. 교회 와서 예배드리면 즐거워요. 교회로 오세요~" 라고 하는가? 물론 필자도 처음 노방전도를 시작했을 때는 이와 같이 말했었다. 하지만 지금 당장 공원에 가서 이렇게 이야기를 한다면 아이들은 말을 다 마치기도 전에 모두 도망갈 것이다.

우리는 지금 21세기, 5G 첨단 네트워크가 설치된 초고속 급변의 시대에 살고 있다. 우리는 이 시대를 잘 활용하고 파악해야 한다. 복음은 변하지 않는 것이지만 복음을 담는 그릇은 시대에 맞게 변화시켜야 한다. 교회는 매번 "어떤 것 때문에 불가능하다"고 환경을 탓하지 말고 아이들을 사로잡을 만한 것을 준비해나가야 한다. 전통만 고집하는 많은 교회들, 변화를 고민하는 교회들에게 필자는 말해주고 싶다.

"새로움 앞에 고민하지 말고 일단 부딪치고 고쳐 나가라!"
"그리고 그것을 기독교 문화화시켜라"

이것은 우리의 사명이자 책임이다. 믿음의 유대를 이어나가고 다음 세대에게 믿음을 유산으로 남기기 위해서는 반드시 '다음 세대'가 필요하다. 그러나 다음 세대가 없다면 어떻게 믿음의 유산을 물려줄 수 있겠는가? 다음 세대를 전도하기 위해서 우리는 지금 새로움 앞에 도전하고, 부딪치며, 두들겨야 한다.

"노력과 도전 없이는 아무것도 얻을 수가 없다!"
필자가 매번 교사 워크샵, 청년부 스텝 워크샵 때 하는 말이다. '1만

시간의 법칙'을 아는가? 어떤 분야의 전문가가 되려면 최소한 1만 시간 정도의 훈련이 필요하다는 법칙이다. 필자도 12년 동안 노방전도를 했던 시간을 계산해보면 약 2,304시간 정도니 노방전도에 전문가가 되려면 아직도 부족하다는 생각이 든다.

하지만 12년 동안 전도를 통해 얻어진 경험과 지혜는 무시할 수 없는 나의 귀한 보석이 되었다. 어느 때는 내성발톱으로 발톱이 뽑혀 피가 나면서도 전도를 했었고, 축구 선교를 하다가 십자 인대가 파열되어 2년 동안 재활을 하면서도 전도를 포기하지 않고 이어 나갔다. 그 결과 지금의 필자에겐 수많은 보석들이 존재한다.

필자는 학업과 전도에 20대 청춘을 다 바쳤지만 후회하지 않는다. 돈을 주고 살 수 없는 귀한 보석들을 받았기 때문이다.

"전도! 안 된다 하지 말고 나가라! 부딪쳐라! 새로운 것을 시도하라!"
"전도! 나가면 있고, 안 나가면 없다!"

전도는 꾸준히, 지속적으로 한 장소를 지정하여 나가야 한다. 물론 영혼을 기다리는 기다림이 필요할 것이다. 그러나 인내하라! 그리고 영혼을 진정으로 사랑한다면 그 기다리는 시간이 설렐 것이다.

2. 새로운 것이 필요하다! 런닝맨 전도!

2011년 4월, 노방전도를 시작한지 3년째였다. 공원에서 아이들과 축구와 피구를 하며 전도를 했지만 그렇게 큰 수확은 없었다. 새로운 것이 필요했었고, 그러던 중 우연히 TV에서 '런닝맨'을 봤다.

그 순간! 뇌리를 스치며 '바로 이거다!'
하면서 진짜 머리 바로 옆에서 전구가 딱 켜지는 느낌이 들었다.
그리고는 곧바로 노트북을 켜서 이번 주 전도 나갈 때 실행할 런닝맨 프로그램을 작성했다.

그 결과...

'대 성공!' 아이들의 폭발적인 반응이 일어났다! 비록 첫 시도라 A4 사이즈 라벨지에 이름표를 만들어 30개 정도를 준비하여 나갔는데 수량이 모자랐다.

런닝맨을 하다가 학원 때문에 중간에 간 아이들, 엄마가 오라고 해서 집에 돌아간 아이들을 포함해 약 30명이 넘는 아이들이 참여했고, 마지막까지 많은 아이들이 교회에 몰려오며 마무리되었다.

2011년 첫 시도한 런닝맨

제2장 '바이블 키월드'의 뜨거운 시작!

처음 시도한 것 치고는 너무 좋은 결과였다. 이후 필자는 다시 노트북 앞에 앉았다. 그리고 성경책을 펼쳐 창세기부터 계시록까지 런닝맨 스토리로 만들 수 있는 내용을 뽑아 보았으며, 약 10개 정도의 성경 런닝맨 시리즈가 탄생하게 되었다.

그리하여 2012년에는 '천지창조' 편 시리즈를 시작으로 10개의 런닝맨 시리즈를 진행했다.

2013년에는 학생연합 vs 교사연합 런닝맨 시리즈, 수수께끼 레이스, 대형 출애굽 레이스, 요셉 스토리, 모세 스토리, 성경학교 때는 어메이징 지저스 슈퍼히어로 시리즈, 천국과 지옥 시리즈, 여름 강릉 런닝맨 선교, 슈퍼스타 W, 올레마켓 등 여러 가지 프로그램을 통하여 새로운 전도의 문이 열림을 경험했다.

런닝맨 공원 전도 - 팀별 협력 달리기

출애굽 런닝맨 공원 전도 - 십계명 게임 중

런닝맨 공원 전도 - 퀴즈 시간

1차 여름 성경학교 특집 천국과 지옥, 런닝맨 중 마지막 도착지인 교회를 천국으로 꾸민 모습

2차 여름성경학교 특집 워터 페스티벌 런닝맨 ①

2차 여름성경학교 특집 워터 페스티벌 런닝맨 ②

10월 가을 나들이 특집 - 올림픽공원 런닝맨 진행 후 단체사진

런닝맨으로 전도되어 예배드리는 아이들

2014년, 초등학교를 졸업하고 중학생이 된 아이들이 제법 많아졌다. 그 아이들을 모아다가 '첼시 FC'라는 축구팀을 만들었고, 매주 토요일마다 중학생 친구들을 불러 모아 축구 선교를 진행했다. 목, 금, 토요일, 총 3일을 전도에 올인했다.

2014년 8월 24일 주일이었다. 2차 여름 성경학교를 끝내고(필자의 교회는 교회학교 아이들의 바람으로

여름 성경학교를 7월과 8월, 총 2회 진행한다) 그 다음 주에 있을 축구 친선경기를 위해 아이들과 함께 축구를 했다.

그런데, 갑자기 '뚜둑!' 하는 소리와 함께 왼쪽 무릎에 힘이 빠지는 것이 아닌가!? 순간 온 몸에서 식은땀이 나기 시작했다. 교회 축구팀을 만들었기 때문에 아이들이 다치면 즉각적인 응급치료를 하려고 무릎, 발목, 발가락 등 중요 부위의 부상에 대해 연구해왔던 터라 좋지 않은 느낌이 들었다.

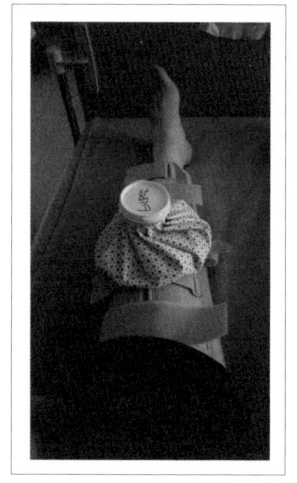

벤치에 앉아 곰곰이 '뚜둑!' 하는 소리가 들렸던 때를 생각해보니 십자인대가 파열된 듯 싶었다. 월요일에 정형외과에서 진단한 결과 예상대로 왼쪽 전방 십자인대가 완전히 파열되어 있었다. 축구선교를 시작한 지 얼마 되지 않아 이게 무슨 마른 하늘에 날벼락 같은 일인가?! 그렇게 필자는 수술대에 올랐고, 왼쪽 전방십자인대 자가건 재건 수술을 했다. 2014년 8월부터 2016년 10월까지 십자인대 재활 중에도 계속 전도했다. 2016년 3월, 필자는 새로운 도전을 위해 장로회신학대학교 교육대학원에 입학하여 기독교교육에 대한 거룩한 고민을 품고 공부를 시작했다.

3. 더 새로운 것이 필요하다! 매형의 한마디! "방탈출 하러 가자!"

 필자는 새로운 도전과 어떻게 하면 더욱 체계적인 성경교육을 할 수 있을지 거룩한 고민을 품으며 2016년 3월, 장로회신학대학교 교육대학원에 입학했다. 침례신학대학교 신학과를 졸업했지만, 무릎 때문에 장거리 통학이 어려웠고, 양금희 교수님의 저서인 『교회학교 진단 침체와 부흥』을 읽고 깊은 감명을 받아 진학하게 되었으며, 기대했던 대로 매우 치열하면서도 재미있는 학업의 나날을 보냈다.
 시간이 흘러 2011년부터 노방전도를 통해 교회에서 신앙생활 하던 아이들이 고등학생이 되어 있었다. 그 아이들과 대화 중 런닝맨과 다른 여러프로그램을 상회하는 새로운 프로그램의 필요성을 느꼈다.
 그렇게 10월이 되었다. 갑자기 나의 매형이 갑자기 누나와 같이 목요일 밤에 찾아와 "요엘아~방탈출 하러 가자!" 라고 말하는 것이었다. 솔직히 처음에는 가기가 싫었다. 왜냐면 너무 늦은 밤 11시였고, 그날따라 수술한 부위가 너무 쑤셨기 때문이다. 그리고 사실 너무 졸렸다. 그러나 평소 조용한 성격인 매형이 찾아와서 놀러가자고 하는데 거절하기가 힘들었다. 그래서 어쩔 수 없이 끌려가듯 집을 나섰다.
 차로 15분을 가니 도착한 곳은 '엑스케이프 건대입구점' 이었다. 밤이라서 외관도 잘 안 보였다. 지하로 내려가 처음 마주한 장면은 벽에 걸려있는 수많은 폴라로이드 사진이었다. 많은 사진들이 벽면에 줄지어 걸려 있었는데 사람들이 웃고 있는 모습과 함께 '너무 재밌었다, 스릴 넘쳤다, 지렸다' 등 온갖 자신들의 언어로 방탈출의 재미를 표현했다.

사진 안에는 탈출시간이 적혀 있었고, 필자는 '빠른 시간 안에 탈출하는 것이 좋은 것이구나!' 라는 것을 알게 되었다.

엑스케이프에는 약 6가지 주제로 구성된 방들이 있었고, 이 중에 1가지 주제를 선택하여 체험을 하는 것이었다. 우리는 내용을 모르니 고르기가 힘들었고, 그냥 난이도가 중간 정도 되는 '호텔부다페스트'라는 주제의 방을 선택했다. 그리고 서약서를 작성하고 자물쇠 사용방법을 숙지하고 방탈출 체험실로 갈 준비를 했다. 먼저 각자 안대를 쓰고 앞사람 어깨에 손을 올린 채 안내자의 손을 잡고 체험실로 들어갔다. 안대를 쓰니 어두컴컴했고, 지하라 음침했으며, 귓가에 들리는 으스스한 배경음악은 체험자들을 긴장시키기에 충분했다. 그리고 안내자가 체험실을 나가며 "안대를 벗고 시작 영상을 보세요"라고 말했다. 우리는 재빨리 안대를 벗고 시작 영상을 보았으나 별다른 내용은 없었다. 그리고 천천히 주위를 둘러보니 처음에는 아무것도 없는 것처럼 보였는데 자세히 보니 문제들이 보였다. 계속해서 여러 문제들을 풀어나갔고, 마치 내 자신이 명탐정 코난이 된 듯한 기분이 들 정도로 쾌감을 느꼈다. 중간에 어려운 문제들도 있었지만 인터폰을 통해 직원에게 힌트를 받아 문제를 풀 수 있었다.

보통의 방탈출은 60분의 시간이 주어지는데 카운트다운 시계의 1

분을 남기고 마지막 문제를 풀어 방을 탈출할 수 있었다.

"와! 이 느낌이 뭐지?" "와! 이 눈부신 형광등은 왜 이렇게 반가운거지?" "와! 말이 안 나오게 꿀잼인데?!" 내가 말로 표현할 수 있는 모든 것을 내 뱉었다. 처음에 봤던 벽의 사진 속 말들이 어느덧 내 입가에도 전파되었다.

그 순간! 뇌리를 스치며 '바로 이거다!'
하면서 머리 바로 옆에서 다시 전구가 딱 켜졌다!

'앗! 이 느낌은! 2011년 4월, 런닝맨을 보며 느꼈던 것인데!?'

다시금 필자에게 어마어마한 아이디어가 마구 쏟아져 나왔다.

4. 바로 이거야! 성경과 방탈출의 콜라보레이션! '이것은 블루오션이다!'

2011년 4월, TV 프로그램인 '런닝맨'을 보며, 교회에서 전도할 때에 활용할 수 있는 런닝맨을 만들었던 그때의 느낌이 다시 들었다. 그때

당시 그 어떤 교회에서도 런닝맨을 하고 있지 않았을 무렵 필자의 교회는 송파지역에서 가장 먼저 런닝맨을 실행했다. 그리고 런닝맨 시리즈 중 2013년에 천국과 지옥 시리즈는 대박을 쳐서 50명 정도의 아이들이 교회로 한꺼번에 몰려들었다. 그 아이들이 전부 교회에 등록했고 이때부터 부흥의 서막이 열렸다.

하지만 그 아이들이 자라 청소년이 되면서 런닝맨은 유치하다며 다른 프로그램을 요구했다. 그러던 중, 방탈출을 만난 것이다.

'바로 이거야!'
'방탈출의 게임 플랫폼을 이용하고, 그 안에 성경의 내용을 넣어서 성경과 방탈출의 콜라보레이션!, 이것으로 성경과 과학, 성경과 미술 등을 융합시킨 새로운 프로그램을 만들 수 있겠어! 이것은 대박날 것이 분명해!'

엄청나게 쏟아지는 아이디어들을 핸드폰에 적었다. 아이디어가 얼마나 많았으면 손가락이 못 따라갈 정도였고 하도 두들겨서 손가락 끝이 저려올 정도였다. 메모장에 적힌 페이지만 10장… 나는 매형에게 달려가 고맙다며 뽀뽀세례를 퍼부을 정도로 고마워 했다.

그리고 집에 돌아와 노트북을 켰고, 메모장에 적힌 10페이지를 정리하여 첫 '바이블 키월드' 주제인 '엑소더스' 편을 만들었다!

이것은 블루오션이었다. 아직 아무도 가지 않았고, 알려져 있지 않았으며, 경쟁자가 없는 블루오션! 바로 '바이블 키월드'가 그것이었다! 기회가 있다면 잡는 것이 당연한 것 아닌가?!

아이디어는 멀리 있는 전문성 있는 사람에게서만 나오는 것이 아니라 가장 가까이 있는 '매형'에게서도 나올 수가 있다. 중요한 것은 그것을 어떻게 활용하고 만들어내느냐이다. 사역자들은 시대적인 사명을 감당하는 것이 필요하다. 그러기 위해서는 시대적인 눈을 가지고 주위를 탐색하여, 새로운 것을 찾아 떠나는 용기가 필요하다. 간절히 원하고 찾을 때 비로소 원하는 것을 얻을 수 있다.

반 강제로 끌려가듯 참여한 방탈출에서 필자는 새로운 프로그램을 떠올릴 수 있었다. 이는 항상 다음세대에 대한 거룩한 고민과 새로운 성경교육에 대한 열망을 성령께서 기뻐하셨기에 가능한 결과였다.

필자는 2016년 10월 첫 '바이블 키월드' 시리즈인 '엑소더스' 편을 시작으로 2017년까지 총 5개의 시리즈를 만들었다. 본격적으로 2018년 1월부터는 1년 성경 교육 프로젝트인 '1년 성경 1독' 시리즈로 창세기부터 요한계시록까지 12개의 시리즈를 각 1개월씩 12개월의 연구기간을 통해 만들었다.

2018년에는 사역에 대한 문의 전화가 쇄도했고, 장로회신학대학교 기독교교육연구원 '2018년 교육정책세미나'부터 대한예수교장로회총회 교육자원부 여름 세미나, 각 노회 세미나 등 바쁜 사역의 날들을 보냈다.

그리고 2019년 2월, 필자는『다음 세대 기독교교육을 위한 성경 방탈출 프로그램 개발 연구 - 월드사랑교회 엑소더스 월드 프로그램을 중심으로』라는 숨막히게 긴 제목의 졸업논문으로 장신대 교육대학원을 졸업했다.

2019년 3월, 지금까지 만든 17개의 '바이블 키월드' 시리즈를 보수하고 더불어 월드사랑 기독교교육연구원으로 방문한 이들에 대한 체험 사역 및 외부 출장 사역을 펼치게 된다.

다음 챕터에서 '바이블 키월드'의 게임 플랫폼인 '방탈출'에 대한 더욱 자세한 설명이 나옵니다!

CHAPTER 3

BIBLE KEY WORLD

'바이블 키월드'의 이해와 교육효과!

1. 방탈출? 그건 뭐하는거야?
2. 놀면서 하는 공부? 공부하면서 하는 놀이? 두 마리 토끼를 잡아라!
3. 교회교육의 새로운 도전! '바이블 키월드'!

CHAPTER 3

'바이블 키월드'의 이해와 교육효과!

"바이블 키월드를 알려면 먼저 방탈출을 알아야 돼!"

1. 방탈출? 그건 뭐하는거야?

1) 방탈출이란?

이 세상에는 방탈출을 '아는 자'와 '모르는 자'라는 두 부류의 사람이 있다. 다음은 『나무위키』의 방탈출의 정의 내용을 정리한 것이다.

'방탈출'이란, 게임 장르 중의 하나로 어드벤처 게임과 퍼즐 게임에 속한다. 스마트폰의 보급과 함께 모바일 게임에서도 많이 나타나고 있는 장르이다. 방탈출 게임의 목적은 말 그대로 방을 탈출하는 것[13]이다.

방탈출은 기본적인 스토리를 먼저 이해하고, 여러 가지 퍼즐이나 자물쇠를 풀 수 있는 단서를 방 안에서 찾아 추리하고 문제를 풀며 최종적으로 방을 탈출할 수 있는 키를 찾아 방에서 나오면 성공하는 게임이다. 이러한 방탈출 게임을 실제화시켜 오프라인에서 직접 몸으로 체험하게 만든 것이 방탈출 카페이다.

2) 방탈출 카페의 정의와 역사

방탈출 카페는 방탈출 게임을 모바일 게임이 아닌 오프라인에서 직접 체험할 수 있게 만든 곳이다. 셜록 홈즈와 같은 추리 장르의 인기로 대학가나 번화가에 계속해서 생겨나는 놀이 문화 공간이다. 진행방식은 먼저 참가자들이 방에 갇혀 있다가 제한된 시간 안에 주어진 문제들을 추리하고 풀어내어 방을 탈출하는 것이다.

방탈출 카페의 역사는 2007년도에 처음 일본에서 시작되었다. 창시자는 세계 각국에서 개최한 수수께끼 이벤트인 『리얼탈출게임(Real Escape Game)』을 기획하고 운영하고 있는 회사인 일본 SCRAP 사의

---

13) "방탈출". 『나무위키』

대표이사 '카토 타카오'이다. 그 후 점진적으로 미국과 유럽, 싱가포르 등의 아시아 지역으로 건너오게 되었다.

그리고 2015년 4월, 대한민국 최초의 방탈출 카페인 서울 이스케이프룸(홍대점)이 오픈했고, 이후 코드 이스케이프(강남점)가 오픈했다. 그리고 2016년 5월 비트포비아(신논현점)는 방탈출 최초로 게임 IP와의 콜라보를 진행했으며, 2016년 8월, 셜록 홈즈는 국내 최초로 증강현실을 게임 내에 도입한 3세대 방탈출 게임을 선보였다. 2018년 6월까지 전국에 약 213개의 방탈출 카페가 운영 중이다.

3) 방탈출 카페의 유형

방탈출 카페는 총 6가지의 유형[14](룸 타입, 홀 타입, 스타디움 타입, 필드 타입, 북 타입, 가상현실)이 존재하며 앞으로 더욱 증가할 것으로 보인다.

본 내용은 네이버 포스트 『아이콕스』의 '방탈출 카페, 과거와 현재 그리고 미래, 해외 사례 중심'이라는 글 내용을 정리했다.

① 룸 타입(ROOM TYPE)

룸 타입은 국내에 가장 많이 있는 유형이다. 소수의 참가자들이 밀

---

14) "방탈출 카페, 과거와 현재 그리고 미래, 해외 사례 중심", 네이버 포스트 『아이콕스』

폐된 방에서 다양한 자물쇠와 아이템 등을 활용하여 단서를 추리하고 문제를 해결한다.

② 홀 타입(HALL TYPE)

국내에서는 룸 타입이 대중화되었지만, 최초 방탈출 카페는 홀 타입이었다. 카토 타카오가 시도한 초창기 '리얼탈출게임'의 형태가 바로 홀 타입이다. 홀 타입은 큰 홀에 많은 사람들이 그룹을 만들어 팀을 형성하고, 주어진 퍼즐들과 수수께끼를 맞추는 형식으로 진행된다. 같은 그룹의 팀원들이 협력하여 문제를 해결하고, 각 그룹끼리 서로 경쟁하거나 협력하여 문제를 푼다.

③ 스타디움 타입(STADIUM TYPE)

스타디움 타입은 수천 명의 사람들을 동시에 수용할 수 있는 대규모 공간에서 진행하는 유형이다. 일반적으로

종합 경기장이나 놀이공원 등에서 열려지며, 참가자들은 주최 측이 전달하는 게임 키트를 받아 미션을 수행한다. 게임 키트에는 대개 퍼즐이나 암호로 되어있는 다양한 문제들이 담겨져 있다.

④ 필드 타입(FILED TYPE)

필드 타입은 야외에서 진행되며, 어느 특정 도시의 지역을 직접 돌아다니며 퍼즐과 문제들을 풀며 미션을 수행하는 유형이다. 건물이나 길거리의 조형물, 또는 건물의 간판이나 길거리의 표지판들을 이용하여 문제를 풀기도 한다. 필드 타입은 다른 유형들과는 달리 시간적, 공간적인 제한이 없으며, 참가자들이 원하는 방법과 원하는 시간대에 문제를 해결하면 된다.

⑤ 북 타입(BOOK TYPE)

 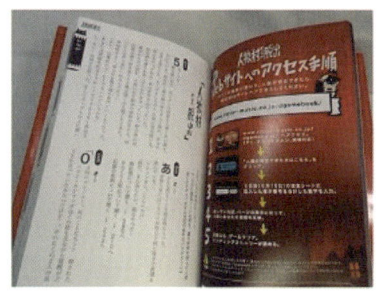

북 타입은 말 그대로 방탈출 게임을 책을 통해 진행하는 유형이다. 진행 방식은 제시된 A와 B 중, A가 맞았다고 생각하면 10페이지로 이동을 하고, B가 맞았다고 생각하면 20페이지로 이동하는 방식이다. 또한 북 타입은 여러 장치들이 설치되어 있는 새로운 장르의 퍼즐북이다.

⑥ 가상현실(VR)

최근 들어 가상현실(VR)을 사용한 방탈출 테마가 출현하고 있다. VR이란(네이버 지식백과), 'Virtual Reality'의 약자로 인공현실, 사이  버공간, 가상세계라고도 말한다. 게임분야에서는 실제 게임 속의 주인

공이 되어 문제를 풀고, 의학 분야에서는 환자의 수술 및 해부 연습에 사용되며, 항공 군사 분야에서는 비행기 조종 훈련 등 여러 분야에서 활용중이다. 최근 들어 가상현실(VR)을 사용한 방탈출 테마가 출현했고, 이미 국내 방탈출 카페에서도 VR로 제작된 테마가 늘어나고 있다. VR 방탈출은 오프라인 방탈출 카페에서 실현하기 어려운 영역들을 좀 더 쉽게 구현하여 사람들에게 호기심과 즐거움을 선사하고 있다.

4) 각종 방송매체에 소개되며 인기 폭발 중인 방탈출!

TV에서 방탈출 관련 방송을 한 번도 안 본 사람은 있어도 한 번만 본 사람은 없을 것이다. 이처럼 계속해서 각종 방송 매체에서 방탈출을 소재로 한 여러 TV 프로그램이 방송되고 있다. 그중 대표적인 프로그램들을 정리해 보았다.

① tvN : 문제적남자

tvN의 문제적남자는 38회 방탈출 편을 2015년 12월 6일에 방영했다. 사상 최대 스케일로서 국내 최초로 밀실 탈출 프로젝트를 진행했고 제목은 '2SCAPE'이었다. 기본적인 스토리는 의문의 인물 'S'라는 자에게 납치된 문제적 남자팀이 사방이 막힌 방에 갇혀있다. 멘붕 상태에 빠져있는 이들이 방에서 탈출할 수 있는 유일한 방법은 'S'라는 자가 숨겨둔 문제를 찾아 해결하여 방을 탈출하는 컨셉으로 진행됐다.

필자가 처음 방탈출 프로그램을 만들면서 초기 문제들에 많은 영감을 주던 프로그램이었다. 또한 2019년 3월 25일에는 문제적 남자 200회 특집을 진행했다. 특별히 일반 시청자 팬들이 같이 방송에 참여했는데 그중에 몇 명이 방탈출러(방탈출 카페에 가서 방탈출 게임을 즐기는 사람)였다. 그중 한 명은 방탈출만 800회를 했었다고 하며 이에 쓴 돈만 몇천만 원이라고 한다. 왜 그렇게까지 많이 했냐는 질문에 "너무 재밌어서 방탈출 카페 도장 깨기를 했다"고 한다.

② JTBC : 코드-비밀의 방

JTBC의 [코드 - 비밀의 방]은 2016년 1월 1일-2016년 3월 25일까지 방영했다. 사방이 가로막혀있는 밀실에 갇힌 10명의 참가자들이 각 방에 있는 문제들을 풀어 힌트를 얻고 비밀번호를 추리해 탈출구의 비밀코드를 맞춰 밀실에서 탈출하는 방식의 프로그램이었다.

③ MBC : 마이 리틀 텔레비전

MBC는 마이 리틀 텔레비전에서 걸스데이 유라, 혜리가 출연하여 방탈출 게임을 체험했다. 마리텔 제작진은 4000만원을 들여 방탈출 세트를 제작해 진행했다. 그러나 들어간 제작비에 비해서 내용이나 구성도는 낮다는 평이 많았던 방탈출 프로그램이었다.

④ tvN : 대탈출

　tvN은 방탈출 프로그램 역사상 가장 큰 프로젝트를 제작했는데 이름도 거창하게 대탈출이다. 방영 기간은 시즌 1은 2018년 7월 1일부터 2018년 9월 23일까지였다. 그러나 시즌 1의 폭발적인 반응으로 시즌 2가 제작되었고 지난 2019년 3월 17일 첫 방송으로 계속 방영 중에 있다.

　대탈출은 '나가야 산다!'는 취지로 초대형 건물의 밀실에 갇혀있는 멤버들이 협력하여 밀실을 탈출하는 내용이다. 대탈출은 필자가 봤던 프로그램 중에 가장 완성도가 높았고 '바이블 키월드'에 적용할 점이 많았고 가장 재미있었던 방탈출 프로그램이었다.

2. 놀면서 하는 공부? 공부하면서 하는 놀이? 두 마리 토끼를 잡아라!

<'바이블 키월드'와 놀이>

　이렇게 '방탈출'에 대해 알아봤으니 이쯤 되면 눈치가 빠른 분들은 방탈출이 놀이와 교육과의 어떠한 연관성이 있을지 대해 생각해봤을 것이다.

　사람은 태어나서부터 놀이를 하며 자라난다. 놀이는 사람의 삶 속에서 중요한 역할을 한다. 먼저 놀이의 정의와 특징에 대해 알아볼 것인데, 장신대 전국재 교수님의 저서인 『놀이로 하는 정6품 인성교육』의 내용을 정리했다.

네덜란드의 문화사학자인 하위징아는 자신의 저서 『호모 루덴스』(놀이하는 인간)에서 놀이를 인간의 행위 양식과 존재의 본질이라고 주장한다. 이어서 문화 속에 놀이가 포함된 것이 아니라 문화 그 자체가 놀이의 성격을 가진다고 말했다. 즉, 모든 문화는 놀이를 중심으로 하며, 인간의 생활 자체가 놀이의 형식을 가지고 있다고 말한다. 또한 그는 놀이가 자발성과 자유성, 그리고 정신의 긴장감, 평형과 질서 등을 필요로 하는 문화를 만들고 문화를 선행하는 힘[15]이라고 주장한다.

다음으로 놀이의 특징을 살펴보도록 한다. 전국재 교수는 여러 놀이 연구가들의 정의를 토대로 여덟 가지의 놀이의 특징[16]을 정리하며 놀이를 하는 그 자체가 교육적이라고 주장한다.

첫째, 놀이는 허구적이다. 놀이는 일상적이지 않고, 실제가 아닌 허구적인 세계에서 이루어진다. 또한 현실세계에서 벗어나 의도적으로 만들어진 제한된 공간에서 일어나는 규칙과 질서를 따르는 행동이다.

둘째, 놀이는 내적 동기에 의하여 드러나는 자발적 행위이다. 놀이는 자발적으로 하는 것이지 강제로 시켜서 하는 것이 아니다. 놀이는 강요하는 순간 놀이의 의미가 없어진다. 놀이하는 자는 온전히 자신의

---

15) 전국재. 『놀이로 하는 정6품 인성교육』 (서울: 시그마프레스. 2016). 3-4.
16) ibrd, 9-16.

의지로 능동적인 놀이를 한다. 자유의지에 따라 생각하고 느끼며 행동으로 옮긴다. 놀이는 내적인 동기가 발동하기 시작하여 자발적으로 참여하는 그 순간 실현된다.

셋째, 놀이는 절대적, 일관적인 규칙이 있다. 놀이는 절대적인 규칙이 있어서 놀이하는 자가 규칙을 어기면 그 놀이판은 완전히 깨져 버린다. 놀이의 규칙은 질서를 만들며 불완전한 세계와 혼돈의 삶에 일시적으로나마 제한된 완벽성을 가져다준다. 그러한 가운데 놀이를 통해 자유와 자율, 질서와 책임감, 준법정신, 공동체 정신과 절제 등과 같은 덕목을 체득하게 된다. 그리고 규칙의 중요성을 인식하여 서로 협력하고 타협하며 질서를 만들어나간다.

넷째, 놀이는 무목적성이다. 놀이는 그냥 재미있고 즐거워서 하는 것이며 어떠한 목적을 성취하기 위한 행동이 아니다. 또한 재미가 놀이의 목적이 되는 것도 아니다. 놀다 보니 재밌고 행복해지는 것이지 재미와 행복을 위해 놀이를 하는 것이 아니다.

다섯 번째, 놀이는 무생산성이다. 놀이는 아무런 물질이나 재화를 생산하지 않는다. 놀이는 놀이 자체가 목적이 되는 재미있는 활동이다.

여섯 번째, 놀이는 결과가 아니라 과정 중심이다. 놀이에서는 결과보다 과정이 더 중요하다. 과정은 예측할 수 없기에 놀이하는 자는 잠시도 긴장을 풀 수가 없고 놀이 세계에 빠져든다. 놀이는 자기가 주인공이 되어 생동감 있고 도전적인 인간으로 성장하게 한다.

일곱 번째, 놀이는 공동체성을 지향한다. 놀이에는 다른 사람과의 새로운 만남과 사귐이 있다. 인간은 타인과의 관계를 형성하며 자기가 누구인지 알고 자기를 만드는 사회적 동물이다. 놀이를 통해 친구들과 어울려 놀며 공동체 의식을 함양하고 사회성을 개발하게 된다.

여덟 번째 놀이는 삶에 영향을 미친다. 놀이는 분명하게 현실세계에서 이루어지는 것은 아니다. 그러나 허구적 세계에서 가졌었던 경험이 허구세계를 넘어 현실로 돌아와서도 고스란히 실생활에 작용하게 된다. 허구세계에서 놀며 가진 느낌이나 생각, 경험들이 오늘의 나를 만들며 사는 기간에 지속해서 영향을 미친다. 결론적으로 놀이는 오늘을 살아가도록 하는 힘이 된다.

이처럼 놀이는 인간의 삶에 큰 영향을 미치는 중요한 역할을 하는 것을 알 수 있다. 필자의 '바이블 키월드' 또한 효과적인 교육 놀이다. '바이블 키월드'는 놀이로서 충분한 도구가 되며 교육적 가치가 충분하다. '바이블 키월드'는 문화에 의한 결과물이며, 놀이의 교육적인 특성을 내포하고 있다. 그러므로 충분히 가치가 있는 교육적 도구라고 말할 수 있다.

3. 교회교육의 새로운 도전! '바이블 키월드'!

<'바이블 키월드'의 교육적 효과>

　놀이와 교육, 두 마리 토끼를 잡을 수 있는 '바이블 키월드'는 교육적 효과가 무궁무진하게 일어날 수 있는 프로그램이다. '바이블 키월드'의 교육적인 효과는 앞서 언급했던 전국재 교수의 '놀이의 특징'[17]을 통해 설명할 수 있다.

　첫째, '바이블 키월드'는 허구적인 세계이다. 아이들이 '바이블 키월드'를 체험할 때 그 어디에서도 경험해보지 못한 상상의 나래를 펼칠 수 있다. 이로 인해 무한한 상상력과 창의력이 증진된다.

　둘째, '바이블 키월드'는 참가자의 자발적인 참여를 중시한다. 누가 옆에서 시켜서 하는 것이 아니라 스스로 생각하고 추리하며 자발적으로 참여할 때 문제들을 풀어나갈 수 있다. 이를 통해 아이들은 능동적인 인간으로 성장할 수 있다.

　셋째, '바이블 키월드'는 절대적 규칙이 있다. 문제들을 머리로 생각하고 이해해야 풀 수가 있다. 만약 힘으로 해결하려고 하다가 재료를 부수는 경우에는 벌금도 부과된다. 이처럼 아이들은 질서와 책임감, 준법정신, 공동체 정신, 절제 등의 덕목을 얻게 된다. 또한 규칙의 중요

---

17) 전국재. 『놀이로 하는 정6품 인성교육』 (서울: 시그마프레스. 2016), 9-16.

성을 인식하고 질서 있는 세상을 만들어 나갈 수 있다.

넷째, '바이블 키월드'는 과정을 중요시한다. 문제들을 풀 때 꼼수를 부리거나 내용에 대한 정확한 이해가 없다면 다음 단계의 문제를 풀 수가 없다. 이러한 탄탄한 과정이 있어야 방을 탈출할 수 있다. 아이들은 문제를 풀며 자신이 주인공이 되고, 역동적이며 도전적, 창의적인 인간으로 성장할 수 있다.

다섯째, '바이블 키월드'는 공동체성을 중요시한다. 주어진 시간 안에 많은 문제들을 풀고 방을 탈출하려면 절대로 혼자서는 할 수 없다. '바이블 키월드'를 하면서 새롭게 만난 사람들과 사귀고 협동하여 문제를 풀 때 공동체성을 형성하게 된다. 이를 통해 아이들은 공동체의식을 함양하고 사회성을 개발할 수 있게 된다.

여섯째, '바이블 키월드'는 삶에 대한 이해와 깊은 추리력을 증진시킨다. '바이블 키월드'의 여러 주제들과 관련된 문제들을 풀면서 깊은 추리력이 생기게 된다. 이를 통해 아이들은 삶에 대해 남다른 이해력과 탐구력이 생기게 된다.

'바이블 키월드'는 단절된 공동체성을 회복하고 치유하는 성경교육의 효과적인 도구라고 할 수 있다. 필자는 2016년 말부터 아동, 청소년을 대상으로 '바이블 키월드'를 진행하면서 전에는 친하지 않았던 참가자들이 '바이블 키월드'에 참가하면서 서로 협력하여 문제들을 풀어나가며 친밀해지는 것을 목격했다. 또한 각자의 다중지능적 영역에서 돋보이는 역할을 감당하게 되었다. 그 결과 하나가 되어 공동체성을 이루는 모습을 보았고, 문제를 다 풀고 방을 탈출하는 그 순간, 모든 쌓여있던 감정들과 자신들의 깊이 내재되어있던 아픔들, 스트레스들이 사라지며 치유되는 모습을 봤다.

그리고 무엇보다 '바이블 키월드'를 통해 효과적인 성경교육이 실현됨을 필자와 아이들, 각 가정 모두가 몸소 체험하게 되었다. 이런 경험으로 인해 필자는 '바이블 키월드'가 공동체성 회복과 치유의 효과적인 도구이며, 다음 세대에게 꼭 필요한 프로그램이라고 강력하게 말할 수 있다.

CHAPTER 4

BIBLE KEY WORLD

하나님을 알아가는 '바이블 키월드'

1. 기독교교육으로도 안성맞춤인 '바이블 키월드'
2. 기독교세계관 전수의 장, '바이블 키월드'

CHAPTER 4
하나님을 알아가는 '바이블 키월드'

1. 기독교교육으로도 안성맞춤인 '바이블 키월드'

'바이블 키월드'는 놀이와 성경교육에 효과적인 도구이다. 그리고 '바이블 키월드'는 하나님의 말씀인 성경의 내용을 기반으로 하고 있어 기독교교육으로도 안성맞춤이다.

우리는 기독교교육에 대하여 알아볼 것이다. 양금희 교수 외 5인의 저서인 『개정증보판 기독교교육개론』의 내용을 정리해 보았다.

먼저 교육의 의미를 살펴보면, '교'(敎)는 피교육자의 외부로부터 피교육자에게 문화나 전통, 생활기술이나 풍습, 언어 등을 가르쳐 주는 것을 말한다. 그리고 '육'(育)은 피교육자 안에서 생득적으로 가지고 있는 소질이나 성품과 성장 잠재력들을 바르게 잘 자라날 수 있도록 보호하며 육성해 주는 것을 의미한다. 따라서 교육이란 피교육자 안으로 영향을 주어서 피교육자 내부에서부터 잠재력을 끄집어내고 길러주는 것[18]과의 상호작용이라고 말할 수 있다.

그러므로 기독교교육은 단순히 기독교의 교리를 가르치거나 적극적 의미의 신자를 키우는 일에만 중점을 두는 것이 아니다. 여기서 더 나아가 피교육자 자신과 이웃과 세계와의 관계를 기독교적 관점에서 형성하도록 돕고, 기독교적 가치관과 세계관을 형성할 뿐만 아니라, 이를 바탕으로 교회와 사회와 가정에서 살아갈 수 있도록 인도하는 좀 더 통전적 의미의 교육[19]을 의미한다. 따라서 이러한 의미의 기독교교육은 교회와 가정과 학교 그리고 사회라는 확대된 장에서 이루어진다.

필자가 생각하는 기독교교육을 간단하게 정의하면 '하나님을 알게 하는 교육' '하나님과 사람을 이어주는 교육' '하나님의 자녀가 되게 하는 교육'이라 설명하고 싶다.

그러므로 '바이블 키월드'가 가져다주는 기독교교육적 효과는 크다고 할 수 있다. 기독교교육이 피교육자가 자신과 이웃과 세계와의 관계를 기독교적 관점에서 형성하도록 돕고, 기독교적 가치관과 세계관을 형성하며, 그를 바탕으로 교회, 사회, 가정에서 살아갈 수 있도

---

18) 양금희 외 5인, 『개정증보판 기독교교육개론』 (장로회신학대학교 기독교교육연구원, 2013), 18.
19) ibrd, 21.

록 인도하는 통전적 교육이라면 기독교교육적 '바이블 키월드'는 기독교적 관점의 가치관과 세계관을 가지고 더욱 넓은 범위의 많은 사람들에게 기독교교육을 실현할 수 있는 효과를 가져다 줄 것이다.

'바이블 키월드'는 혼자가 아닌 다른 사람과의 협력을 통하여 이루어진다. 그러므로 협력적 교육의 효과를 통하여 단절된 사회 속에서 협력하는 사회로의 변화를 기대할 수 있다. 협력은 내 주장만이 아니라 다른 사람의 주장과 생각을 수용할 수 있는 인내력과 이해심을 요구한다. 협력을 하면서 자연스럽게 인내력과 이해심이 생겨날 것이며 공동체성 회복을 지향하는 사람으로 성장하게 될 것이다.

2. 기독교세계관 전수의 장, '바이블 키월드'

1) 건강한 기독교세계관

다음 세대가 건강한 가치관을 갖기 위해서는 먼저 건강한 기독교세계관을 가져야 한다. '바이블 키월드' 안에는 이러한 건강한 기독교세계관이 자리 잡고 있다.

기독교세계관(Christian worldview, Biblical worldview) 이란(위키백과) '기독교적인 관점에서 세계를 바라보고 인식하는 체계'이다.

성경적, 신학적 개념이나 신념에 의한 인식론을 이론화하는 것을 의미한다. 또한 기독교 세계관은 기독교 문화의 형성을 인도한다고 정의할 수 있다. 이처럼 기독교세계관은 기독교적 관점에서 세계를 바라보는 인식 체계이다.

'바이블 키월드'에서 방은 한 주제에 대한 이야기로 가득 차 있다. 필자는 이를 사용하여 방 안에 성경적, 신학적 개념이나 신념에 의한 인식론을 실제화 함으로써 성경을 실제로 만나고 체험하고 만질 수 있게 만든 것이다. 이를 통해 '바이블 키월드'는 하나의 기독교세계관을 만들고, 기독교 문화를 형성하게 된다.

2) 교사, 그 역할이 중요해!

그렇다면 이러한 기독교세계관을 다음 세대에게 전수하기 위해 가장 중요한 역할을 하는 것은 누구일까? 바로 '교사'이다. 교사는 교회학교 부흥의 핵심이자 실마리이다. 기독교세계관을 가진 교사는 다음 세대를 만나 대화하고 교류할 때 자신의 기독교세계관을 다음 세대에게 전수할 수 있다. 그럼으로써 다음 세대들은 교사의 기독교 세계관을 닮아갈 것이며, 교사의 모든 것을 따라 하게 될 것이다. 그러므로 교사는 기독교 교사로서의 역할을 감당해야 할 것이다.

다음으로 양금희 외 5인 교수님의 저서인 『개정증보판 기독교교육

개론』의 내용 중 기독교 교사로서의 역할[20]에 대하여 알아보자

첫째, 기독교 교사는 리더의 역할을 감당해야 한다. 교사가 갖추어야 할 리더십은 철저히 사랑에 기초한 것이어야 하며, 다음 세대들의 생각과 필요를 연구하고 그들의 필요를 채워줄 수 있어야 하고, 불굴의 의지로 학생들의 어려움을 껴안아 줄 수 있어야 하는 사람이 바로 기독교 교사이다.

둘째, 기독교 교사는 멘토의 역할을 감당해야 한다. 멘토링이란 단어는 기독교적인 단어이다. 그리고 기독교 신앙의 본질적 전달 과정을 설명하는 단어이다. 기독교 교사는 학생과의 관계를 스승과 제자로의 관계로 설정하고 자신의 말과 행동을 본받을 수 있게 가르치고 또한 그렇게 살아야 한다. 그리고 절대적 방향성은 오직 그리스도를 본받게 하는 것이어야 한다.

셋째, 기독교 교사는 조력자의 역할을 감당해야 한다. 교사는 학생을 대신하여 깨달을 수는 없지만 깨달을 수 있도록 돕는 역할을 한다. 학생 자신이 지식과 지혜와 통찰을 할 수 있도록 교사와 학생은 상호간에 변증법적인 질문을 통하여 노력한다.

넷째, 기독교 교사는 커뮤니케이터의 역할을 감당해야 한다. 보편적으로 교육이란 가르침으로만 이해되고 있었다. 이때, 가르침이란 지식을 가르치는 교사와 그 지식을 배우는 학생을 일컫는다. 그러나 현대

---

20) 양금희 외 5인, 『개정증보판 기독교교육개론』 (서울: 장로회신학대학교 기독교교육연구원, 2013), 70-82.

의 교육은 전달 혹은 커뮤니케이션으로 이해해야 한다. 커뮤니케이션은 전달하고 수용하며 그리고 반응의 과정을 통하여 전달자와 수신자 사이의 상호작용이 이루어짐을 말한다. 교사는 커뮤니케이션에 대하여 전문가가 되어야 한다. 생명의 복음을 전하는 기독교 교사가 커뮤니케이션에 실패하면 불행한 일인 것이다. 그러므로 기독교 교사는 성공적인 커뮤니케이션을 위해 철저히 준비하고, 끊임없는 연습을 해야 할 것이다.

다섯 번째, 기독교 교사는 이야기꾼의 역할을 감당해야 한다. 아무리 시대가 발달해도 효과를 극대화해주는 교육적 수단은 이야기이다. 교사는 이야기꾼이 되어야 한다. 기독교 교사는 이미지, 상징, 은유를 잘 사용할 줄 알아야 한다. 이야기는 사람의 마음을 사로잡는 무기이다. 그리고 잘 선택된 이미지는 학생의 마음에 그림을 그리게 할 수 있다.

여섯 번째, 기독교 교사는 상담가의 역할을 감당해야 한다. 상담은 내담자가 털어놓은 삶과 문제들에 대해 그의 행동과 이해 그리고 문제를 해결할 방법을 탐색하도록 촉진해 주는 도움의 과정이다. 한 마디로 상담은 사람을 돕고, 듣고, 느끼며 반응하는 것이다. 교사는 어떠한 자가 상담을 요청해도 진지하게 경청하고 전문성을 나타내어 내담자의 마음과 상호관계를 갖기 위해 최선을 다해야 한다.

일곱 번째, 기독교 교사는 해방자의 역할을 감당해야 한다. 교사는 해방자로서 학생에게 지식을 무작정 집어넣는 것이 아니라 학생 각자가 살아가는 세상을 읽고, 파악하여 자신이 어떤 사람으로 살아가야 할지 판단하게 도와주는 의식화 교육을 해야 한다. 그래서 학생이 자신의 삶을 스스로 개척하며 발전시키도록 역사의 주체자로서 살아갈 수 있도록 도와야 한다.

여덟 번째, 기독교 교사는 비판적인 성찰자의 역할을 감당해야 한다. 교사는 자신의 생각과 가르침을 비판적으로 성찰하는 작업을 끊임없이 행해야 한다. 왜냐하면 자기중심적인 생각의 함정에 빠지기 쉽기 때문이다. 교사는 자기도취에 빠지지 않도록 해야 하며 비판적인 성찰 훈련을 해야 한다. 그리하여 자신이 가르치는 학생들의 앎과 삶의 조화를 도모하며 풍성하게 해주는 역할을 감당해야 할 것이다.

다음 세대에게 기독교교육을 하는 것은 굉장히 중요한 일이다. 또한 기독교 세계관을 심어주는 것도 굉장히 중요한 일이다. 이 두 가지 일은 모두 성경 교육에서 시작된다. '바이블 키월드'는 성경 교육을 효과적으로 할 수 있는 프로그램이다.

'바이블 키월드'는 교육 시스템의 하나의 방법으로서 방탈출이란 게임 플랫폼을 활용했고 그 안을 성경 내용으로 가득 채웠다. 그래서 학생들이 '바이블 키월드'를 체험했을 때 저절로 성경 교육이 가능하도록 개발했다.

또한 필자는 교회에서 '바이블 키월드'를 진행하기 4주 전부터 매주 예배에서 그달에 진행할 '바이블 키월드' 주제를 시리즈 설교를 통하여 교회학교 학생들에게 교육했다. 그 결과 기존의 아이들을 설교를 듣고 '바이블 키월드'에 참여함으로 성경 말씀을 복습할 수가 있고, 새로 전도된 아이들은 친구들과 함께 즐겁게 체험적 성경 교육에 참여할 수 있었다. '바이블 키월드'는 이러한 시스템으로 성경과 연결되어 무궁무진하게 개발 연구가 가능한 성경 교육의 장이라고 할 수 있다.

CHAPTER 5

BIBLE KEY WORLD

Never Ending!
'바이블 키월드'

1. '바이블 키월드' 교회 안에서 적용하기!
   과감한 예배시간 변경! 원 포인트 성경 교육!
   매주 2부 프로그램!
2. '바이블 키월드' 실제! '십자가 사랑' 편!
3. '바이블 키월드'의 미래
4. 교회여 도전하라!

CHAPTER 5

Never Ending! '바이블 키월드'

1. '바이블 키월드' 교회 안에서 적용하기!
과감한 예배시간 변경! 원 포인트 성경 교육! 매주 2부 프로그램!

'교회가 너무 재밌어요!'
'또 할래요! 네버엔딩 '바이블 키월드'!

필자가 '바이블 키월드'를 교회 안에 적용하면서 들었던 말들 중에 가장 기뻤던 말이다. 필자는 월드사랑교회 내의 '월드사랑 기독교교육 연구원'에서 기독교교육과 문화 콘텐츠를 연구를 하던 중 다음 세대들의 문화 콘텐츠에 접근했고 그 가운데 '방탈출 카페'를 발견하게 되었다. 아이들은 세상 가운데 살아가며, 이미 세상 문화에 빠져들어 익

숙해져있다. 그래서 필자는 현재 세상 문화에서 핫이슈가 되고 있는 방탈출 카페의 게임 플랫폼을 가져와 그 게임 내용 속에 성경과 기독교적 가치관을 채웠다. 이는 과학과 신학, 미술과 신학 등 여러 영역들의 '융합'으로서 기독교교육의 새로운 패러다임을 만들게 된 것이다. 그리하여 월드사랑 기독교교육연구원의 10번째 성경 교육 프로그램인 '바이블 키월드'가 탄생했다.

'바이블 키월드'라는 이름은 "성경의 핵심 세계를 파헤치자!"라는 슬로건을 담고 있으며, 실제로 성경 말씀 66권의 핵심 내용을 파헤치며 다음 세대에게 교육하고 있다.

처음 진행했던 2016년 10월부터 2017년까지 총 5개의 '바이블 키월드' 시리즈를 만들었다.

① 엑소더스(출애굽기 - 모세 스토리)
② 야곱의 장막(야곱 스토리)
③ 크리스마스(예수님 스토리)
④ 십자가 사랑(예수님의 생애 ~ 재림 스토리)
⑤ 귀신의 집 천국의 집(천국과 지옥 스토리)

프로그램 연구 중, 다음 세대가 창세기부터 요한계시록까지 성경 말씀을 전체적으로 공부하는 경우가 적다는 우려의 목소리들을 다수 들었다. 그리하여 1년 1독 프로젝트를 연구했다. 연구팀은 2018년 1월부터 12월까지 ⑥ PROJECT GENESIS(천지 창조 스토리) 편을 시작으로 총 12개의 '바이블 키월드' 시리즈를 완성시켰다.

'바이블 키월드'는 매월 다른 성경 주제로 바뀌며, 주어진 성경 주제의 핵심 내용을 중심으로 4주간 주제 설교를 진행하며 각 가정에 매주 설교 자료가 제공된다. 그리고 각 가정과 교류한 자료와 말씀을 바탕으로 매월 마지막 주 주일에 예배 후 2부 프로그램으로 '바이블 키월드'를 진행하고 있다.

과감한 예배시간 변경!

필자의 교회는 '바이블 키월드' 프로그램 적용을 위해 교회학교 예배 시간을 과감하게 변경했다. 토요일이 휴교하는 토요일이 되면서 금요일부터 토요일까지 더욱 학원 순례를 하는 아이들이 있는 반면 신나게 놀다가 늦게 자는 아이들이 생기게 되었다. 결국 주일 아침마다 모닝콜 전쟁을 할 수밖에 없었다. 학원 순례를 한 아이들은 쉬거나 또 다른 학원 순례를 하게 되었으며, 신나게 놀다가 늦게 잔 아이들은 핸드폰을 무음으로 하거나 전화를 받고 나서 또다시 자는 등 예배 출석률이 좋지 않았다. 그래서 필자는 담임 목사님과 의논을 한 뒤, 과감하게 기존 아침 9시 예배를 오후 2시 예배로 변경했다.

그 결과는 엄청났다! 대부분의 아이들이 "예배 시간을 오후로 바꾸니 오전에 잠을 푹 자고 예배에 나올 수 있어서 너무 좋다" "피곤하지 않아서 좋다" "예배에 집중이 된다" "더 에너지가 넘친다" 등 여러 긍정의 소리가 나왔다. 필자 역시 교회학교 예배를 진행하며 오전 9시 예배 보다 아이들의 높은 예배 출석률과 더욱 열정적이며 파워풀한 예배가 되었음을 체험했다.

그리고 무엇보다도 오전 9시 예배를 드렸을 때에는 이후의 11시 대예배를 준비해야 하기에 아이들과 함께하는 시간이 매우 부족했고 시간에 쫓겨 예배 분위기도 분주했지만, 이제는 온전히 아이들에게만 집중하고 자유롭게 많은 시간을 아이들과 함께할 수 있어서 너무 기뻤다.

원 포인트 성경 교육!

또한 '바이블 키월드' 커리큘럼을 중심으로 '원 포인트 성경 교육'을 실시했다. 위에서 언급했듯이 4주간 주제 설교를 하고 예배 후 셀별로 모여서 필자가 만든 분반공부 자료로 성경 교육을 한다. 내용은 굉장히 간단하고 쉽다. 설교 내용과 같은 내용으로 '빈칸 채워 넣기' 방식이다. 그리고 간단한 설교 요약 포인트 3가지와 함께 각자 결단 기도 제목을 적는 칸이 있다. 아이들은 간단하면서도 머릿속에 설교 핵심 내용 3가지와 빈칸을 채워 넣었던 단어들을 기억하게 된다.

처음에는 아이들이 배운 것이 부족하면 어떻게 하나 불안했지만,

결과는 성공적이었다. 아이들은 간단하지만, 핵심이 있는 분반공부를 통해 설교를 기억했고, 1년 1독 프로젝트를 실행하기 전인 2017년에 비교하여 엄청난 변화가 일어나게 되었다. 성경 전체 줄거리를 기대하면서 내용을 기억하고 자신감이 붙은 아이들은 매번 설교 시간을 기다렸고, 너무 재밌어했다. 그리고 아이들은 매월 마지막 주에 진행하는 '바이블 키월드'를 참여하기 위해선 성경 내용을 알아야 문제를 풀 수 있기에 성경 내용을 꼭 필요한 정보로 인식하게 되었다.

매주 2부 프로그램!

기존 오전 9시 예배를 드렸을 때는 이후의 오전 11시 대예배를 준비하느라 아이들과 더 놀아주지 못하고 정신없이 헤어지는 사이클이 반복되었다. 그러나 예배 시간을 오후 2시로 변경 하면서 더 많은 시간을 아이들과 좀 더 교제할 수 있게 되었다. 그래서 필자는 예배를 드린 뒤 진행할 52주 치 2부 프로그램을 준비했다. 그 반응은 가히 폭발적이었다. 아이들은 1시간의 예배와 20-30분의 분반모임 시간을 가진 뒤 약 1시간 30분 동안의 2부 프로그램을 간절히 기다리게 되었다.

지금까지 했던 2부 프로그램으로는 레크레이션, 사랑마켓, 윷놀이 대회, 초콜릿 만들기, 사탕 만들기, 쌤 어디가?!, 신서유기 미니게임, 안대게임, 미니 축구대회, 올림픽공원 야유회, 공동체 게임, 부활절 달걀 만들기, 발레, 보드게임 천국, 런닝맨 등이 있다. 그 결과 아이들은 5시에 전체 프로그램이 끝나도 아쉬운지 집에 가지 않고 선생님들과 보드게임을 하며 놀던지, 자기들끼리 안대게임을 하던지, 교육관의 대형 전신 거울을 보며 찬양 율동을 한다. 물론 몸은 피곤하지만 교회가 좋아서, 선생님들이 좋아서, 전도사님이 좋아서 같이 놀자고 하는 아이들을 어떻게 매정하게 집으로 가라 하겠는가?!

필자는 어려서부터 성경 교육을 체계적으로 잘 받고 자란 다음 세대는 사춘기나 방황의 시기에도 배운 성경 말씀에 힘입어 남들보다 더 빨리 극복해내고 올바른 길을 잘 걸어갈 수 있다고 생각한다. 필자도 목회자 가정에서 태어나 어려서부터 성경 교육을 받으며 자랐고, 그 덕분에 사춘기를 별 탈 없이 조용히 보냈었다. 물론 어렵고 힘든 일도 있었지만 그때마다 배웠던 성경 말씀을 떠올리며 모든 역경을 이겨낼 수 있었다. 그리하여 필자는 다음 세대들도 필자의 경험처럼 성경 말씀을 어려서부터 체계적으로 잘 배우길 소망하며 '바이블 키월드'를 소개한다.

1) '바이블 키월드'의 목적

'바이블 키월드'는 처음엔 미전도 종족이 되어버린 청소년을 전도하고 성경을 교육하기 위한 작은 시작이었지만 시리즈들을 거듭 진행해

나가면서 더 크고 놀라운 효과들을 발견할 수 있었다. '바이블 키월드'의 목적은 크게 5가지를 들 수 있다.

첫째, 신앙발달과 신앙공동체 회복!
둘째, 전도!
셋째, 성경교육!
넷째, 기독교 놀이문화 형성!
다섯째, 다중지능의 발견!

● **첫째, 신앙발달과 신앙공동체 회복이다.**
'바이블 키월드'는 혼자 하는 놀이가 아니다. 다른 사람과의 협력이 요구된다. 그 과정에서 함께 문제를 풀며 자연스럽게 신앙공동체가 만들어진다. 성경을 중심으로 만든 문제를 풀면서 자신과 타인이 가지고 있는 성경 지식을 공유하게 되고 그 힘으로 문제를 해결하면서 서로 연합되는 느낌을 받고 끈끈한 신앙공동체가 형성됨을 발견한다. 다음은 5가지의 신앙공동체가 형성됨을 설명한다.

① 학생들(신앙 성장과 또래 신앙공동체 형성)
학생들 간에 서로 성경 지식을 나누면서 성경에 대한 지식이 늘어나게 되고 신앙 또한 성장하게 되며 신앙공동체가 형성된다.

② 부모(가정과 연계되는 신앙교육, 가정 신앙공동체 형성)

'바이블 키월드'의 설교 내용과 분반 자료는 가정으로 전달된다. 이로써 자연스럽게 교회와 가정이 연계되는 신앙 교육이 행해진다. 매월 진행되는 설교 시리즈를 가정에서 부모가 먼저 숙지하여 자녀들과 대화하고 성경 말씀을 묵상할 때 건강한 가정 신앙공동체가 형성된다.

③ 교사(교사 영성 개발, 사역공동체 형성)

교사는 '바이블 키월드'를 개발하면서 교사 자신의 영성 또한 개발되는 것을 체험할 수 있다. 그리고 다른 교사들과 성경 문제들을 만들고 아이디어를 내며 대화하다 보면 사역공동체가 형성되고 문제를 다듬어 나가는 과정에서 서로 도우며 더욱 발전할 수 있다.

④ 사역자(재량 개발, 목회공동체 형성)

사역자는 '바이블 키월드'를 기반으로 설교, 분반자료, 증강현실 성경공부 자료, 2부 프로그램, 전도 프로그램 등 여러 가지 성경 교육 자료들을 개발하면서 사역자 자신의 달란트 개발에 큰 영향을 미치며, 다른 사역자들과의 협력과 연합을 통해 목회공동체를 형성한다.

⑤ 전 성도(달란트 개발, 교회공동체 형성)

전 성도는 '바이블 키월드'를 만들기 위하여 필요한 잠재된 전문 인력들이다. 각 성도 가운데 다중지능이론에 따라 성도 본인의 달란트를 재발견하여 각각 미술, 과학, 수학, 체육, 건축, 인테리어, 전기, 기계공학, 무대조명 등 여러 분야의 특별한 달란트를 나타내는 성도들을 초대해 같이 사역하므로 교회공동체가 형성된다.

● 둘째, 전도이다.

  필자의 교회인 월드사랑교회는 서울 송파구에 있으며 지리적, 문화적 특성상 학교와 학원이 많아 교육열이 뜨거운 반면 아이들이 아이들답게 뛰어놀만한 장소와 놀이 공간은 상당히 부족하다. 때문에 교회 내의 '월드사랑 기독교교육연구원'에서 기독교교육 문화 콘텐츠 연구를 하면서 세상 문화 속에서 놀이 공간을 찾아다니는 아이들을 자연스럽게 교회 안의 기독 놀이 공간으로 초대하여 전도하기 위하여 '바이블 키월드'를 만들게 되었다.

● 셋째, 성경교육이다.

  필자는 '바이블 키월드'를 통해 학생들에게 1년 안에 성경 1독을 할 수 있도록 성경 교육을 하여 학생들이 성경 내용을 잘 기억하고 즐겁게 말씀을 배우는 것을 목적으로 삼았다.

  '바이블 키월드'의 시스템은 매월 바뀌는 성경 시리즈 주제에 따라 4주간 소주제로 나뉘어 설교가 진행되며 이에 따른 분반공부를 한다.

그리고 '바이블 키월드'는 매월 마지막 주 주일 예배 후 분반공부를 마친 뒤 2부 프로그램으로 진행한다.

이를 통하여 학생들은 시리즈별로 설교를 듣고 월별 시리즈를 전체적으로 숙지하니 성경 스토리에 대해 뛰어난 암기력을 갖게 된다. 1주일 전 설교 내용을 물어보거나 아예 첫째 주 설교 내용을 물어보아도 대부분의 학생들이 설교 내용을 기억하는 모습을 쉽게 발견할 수 있다. 이는 '바이블 키월드'를 도입하기 전인 2017년보다 확실하게 달라진 모습이었다.

'바이블 키월드'를 진행하면서 성경에 관심이 없던 학생들도 프로그램에 참여하며 성경 문제들을 해결하고자 성경에 관심을 갖게 되었다. 이는 학생들이 좋아하는 게임 플랫폼을 이용한 성경 교육이므로 성경이 더 이상 지루하고 따분한 것이 아니라 친구와 함께 즐길 수 있는 놀이 활동이 된 것이다. 또한 앞으로 계속해서 성경의 모든 말씀을 '인물별' '사건별' '주제별'로 나눠서 무한한 시리즈로 개발이 가능하기 때문에 무궁무진한 발전 가능성이 있는 성경 교육이다.

● **넷째, 기독교 놀이문화이다.**

기독교 놀이문화는 필자가 '바이블 키월드'를 기획하면서 계속 고민했던 부분이었다. 교회는 계속해서 발전하는 시대를 따라가지 못하고 뒤쳐진 채 계속해서 말로만 "전도해야 한다, 말씀으로 돌아가야 한다."

고 말하고 있다. 세상에는 교회보다 더 재미있는 것들이 많고 쉽게 학생들의 호기심을 자극할만한 것들로 넘쳐난다.

그래서 필자는 교회에도 학생들이 흥미를 가지고 쉽게 참여할 수 있는 기독교 놀이문화가 있어야 한다고 생각했고 이에 대한 답이 바로 '바이블 키월드'였다.

다음은 미국의 가들리 플레이에 대한 내용이다. 장신대 양금희 교수님의 저서인 『기독교 유아 아동교육』을 보면 미국에는 이러한 기독교 놀이문화가 많이 있다고 한다. 그 중에 '가들리 플레이'라고 하는 프로그램이 있다.

제목에 놀이라는 단어가 포함되어서 게임이나 놀이가 주된 프로그램 같지만, 실제로 프로그램을 들여다보면 '하나님과 놀기'에 집중되어 있다. 성서 외적으로 가지고 온 게임이나 다른 놀이적 요소들로 인한 재미와 흥미만을 강조하는 것이 아니라, 성서 자체에 있는 놀이적 요소, 스토리, 여러 가지 은유들, 침묵적 요소, 비언어적인 요소 등을 살리면서 학생들이 성경 스토리에 빠져들며 놀게 되는 프로그램이다.

이 프로그램에서 사용하는 모든 놀이감들이나 교구들은 모두 성경 스토리로부터 온 것이고, 이 프로그램이 실행되는 놀이방은 방 전체가 성경 스토리로 가득 채워져 있다. 이와 같은 프로그램은 외부적 게임이나 다른 학생들과의 경쟁과 같은 놀이적 요소를 기독교교육으로 가져 오지 않고, 성경 자체가 가지고 있는 놀이적 요소를 최대한 살려내는 '거룩한 놀기'에 집중하는 프로그램[21]으로써 신선한 자극을 준다.

이와 같이 '바이블 키월드'도 성경 스토리에 집중했고, 프로그램에 사용하는 모든 재료와 도구들도 모두 성경 스토리를 기반으로 했다. 그리고 '바이블 키월드'를 실행하는 체험실은 방 전체가 성경 스토리로 채워져 있다. 성경으로 시작하여 성경으로 마쳐지는 오직 성경 중심의 '거룩한 놀이'에 집중한 기독교 놀이문화 프로그램으로서 충분한 가치가 있다. 또한, 앞으로도 계속적인 발전 가능성이 있는 프로그램으로서 충분한 가치가 있다.

● **다섯째, 다중지능의 발견이다.**

'바이블 키월드'를 진행하면서 알게 된 또 하나는 바로 참여하는 학생들의 '다중지능'이다. 다중지능이란(네이버 지식백과), 지능은 단일한 능력요인 또는 다수의 능력요인으로 구성된다는 가드너(H Gardner)의 다중지능이론에서 말하는 언어지능, 논리-수학지능, 시각-공간지능, 음악지능, 신체운동지능, 인간친화지능, 자기성찰지능 및 자연친화지능 등의 8가지를 말한다.

① 논리수학지능은 수학적 상징을 이해하여 스스로 창조하는 능력
② 언어지능은 말 또는 글로 자기 자신을 표현할 수 있는 능력

---

21) 양금희, 『기독교 유아. 아동교육』,(서울: 대한기독교서회, 2011), 404.

③ 공간지능은 시각적, 공간적인 세계를 자각하고 인지하는 능력
④ 신체운동지능은 신체를 이용하는 행동, 동작 등에 민감한 능력
⑤ 음악지능은 멜로디와 리듬으로 자기 자신을 표현하는 능력
⑥ 인간친화지능은 남을 잘 이해하고 또한 남들을 잘 사귀는 능력
⑦ 자연친화지능은 자연을 이해하고 잘 돌볼 수 있는 능력
⑧ 자기성찰지능은 자신의 심적 상태와 정서를 파악하고 표출할 수 있는 능력

필자는 학생들의 이러한 다중지능을 자세히 발견하지 못했었다. 그러나 '바이블 키월드' 체험실에 들어간 학생들을 관찰한 결과, 문제들을 하나씩 풀어나갈 때, 자신들의 특화된 분야대로 기량을 발휘하는 것을 보았다. 이는 이 프로그램이 추리, 과학, 수학, 미술 등 여러 가지 분야에서 자신만의 다중지능을 발견할 수 있는 계기가 된다는 것을 확인시켜주었다. 학생들은 발견된 다중지능을 통해 자신의 비전과 사명에 대해 깊이 생각할 수 있는 기회를 얻고 앞으로 어떻게 학업을 준비할지 세부적 계획을 세움으로서 미래를 준비할 수 있다. 교사들 역시 학생들을 세밀히 파악하고 그에 따라 어떻게 성경 교육과 신앙 상담을 할지 세부적 교수 방법이 생기게 되었다.

2) '바이블 키월드'의 원리

'바이블 키월드'에는 크게 7가지의 원리가 있다.

첫째, 플립러닝 성경교육
둘째, 협력적 성경교육
셋째, 전 세대적 성경교육
넷째, 네트워킹적 성경교육
다섯째, 미래적 성경교육
여섯째, 융합적 성경교육
일곱째, 시리즈 성경교육

● **첫째, 플립러닝 성경교육이다.**

'거꾸로 교실' '역전 학습' '거꾸로 학습' '역진행 수업 방식' 등으로 불리는 플립 러닝은 존 버그만, 에론 샘즈가 창시했다. 학생이 강의실에서 강의를 듣고, 집에서는 과제를 하는 기본 수업 형식과는 달리 강의에 앞서 교수가 제공하는 자료(온·오프라인상의 영상자료, 논문 자료 등)들을 먼저 사전에 학습을 하고, 강의실에 와서는 학생들끼리 토론하고 과제 풀이를 하는 형식의 새로운 수업 형식을 의미한다.

'바이블 키월드'는 이러한 플립러닝의 방식을 이용해 성경교육을 한다. 필자는 매달 바뀌는 주제와 매주 제시된 설교 주제들을 학생들에게 미리 공지하고 또한 필자가 매주 제공하는 설교를 이해하기 위한 영상 자료들을 다음 세대들이 보고 교회에 와서 분반 성경교육 시간에 서로 토론하고 자신의 생각을 이야기하며 나누게 한다. 이처럼 '바이블 키월드'는 빠르게 발전하는 시대 속에서 플립러닝을 통한 장소에 제한받지 않고 실행되는 성경 교육이라 말할 수 있다.

● **둘째, 협력적 성경교육이다.**

다음 세대에게 가장 필요로 하는 것이 바로 친구들과 협력하는 것이다. 욜로족(네이버 지식백과), 즉 You Only Live Once의 앞 글자를 따서 만든 용어로 "인생은 한 번 뿐이므로 현재 자신의 행복을 가장 최우선하며 살겠다"는 태도가 득세하고 있다. 미래나 남을 위해 희생하는 것이 아니라 현재 자신의 행복만을 위해 사는 라이프스타일로 사는 세대가 많아지는 이 시대에 협력은 힘든 일이다. 그렇지만 '바이블 키월드'를 통하여 다음 세대는 같이 협력하고 연합하는 경험을 하게 되는데 이는 그 어떤 것보다 뿌듯함을 느끼고 공동체성을 이루는 일이라고 할 수 있다.

'바이블 키월드'는 혼자 하는 프로그램이 아니다. 최대 4-6명이 한 방에 들어가 서로 협력하지 않으면 시간 내로 방을 탈출하기가 어렵다. 그러므로 협력하여 문제를 풀어나가는 동안 성경교육이 되는 것,

협력적 성경교육이 '바이블 키월드'의 원리라고 할 수 있다.

● **셋째, 전 세대적 성경교육이다.**

'바이블 키월드'는 개발 초기에 청소년들을 전도하고 성경교육을 하기 위하여 청소년을 대상으로 만들어진 프로그램이었다. 하지만 2016년, 첫 '바이블 키월드'를 진행하며 느낀 점은, 이 '바이블 키월드'는 전 세대를 아우를 수 있다는 것이다. 이것은 '바이블 키월드'가 가진 최대 장점이다.

유아부서부터 아동부, 청소년부, 대학부, 청년부, 장년부, 노년부에 이르기까지 얼마든지 세대를 불문하고 자유롭게 참여할 수 있다. 그들의 눈높이에 맞춰 얼마든지 난이도 및 형식의 변형이 가능하며, 팀을 만들 때부터 다양한 부서들을 섞어서 팀을 결성하면 문제해결력과 유대관계에 좋은 시너지 효과를 얻을 수 있어 이보다 더 좋은 공동체 훈련은 없을 것이다.

● **넷째, 네트워킹적 성경교육이다.**

'바이블 키월드'는 네트워킹(네이버 지식백과), 즉 사람들 사이에서 이루어지는 여러 종류의 일들이 횡적으로 연결되어 그물코(네트워크)와 같이 관계가 형성되는 것이 가능한 성경교육이다.

장신대 김도일 교수의 저서 『제4차 산업혁명 시대의 교육목회』에서는 4차 산업혁명 속에서 교육목회 플랫폼은 바로 기술과 문화가 섞인 세계에서 이루어진다. 그러므로 기술의 혁명을 넘어서 연결의 혁명이 되는 성경교육이 이루어져야 한다. 또한 교회 안에 묶여 있던 시선들을 교회 밖으로 확장시켜야 한다[22]고 주장하며 교회 밖의 사람들과도 소통하여 모든 사람이 참여할 수 있는 프로그램이 될 수 있게 해야 한다고 주장한다. '바이블 키월드'는 이러한 사람과 사람 사이의 단절된 관계를 이어주고 사람들끼리 네트워킹이 가능하도록 돕는 성경교육이다.

● **다섯째, 미래적 성경교육이다.**

'바이블 키월드'는 4차 산업혁명 속에서 더욱 빛을 발한다. 이는 모든 첨단기술이 집약된 프로그램이기 때문이다. 또한 5G시대에 들어 앞으로 다가올 홀로그램 기술을 기대하고 있으며, 이는 앞서가는 기독교교육의 블루오션의 장으로서의 미래적 성경교육이라고 할 수 있다.

● **여섯째, 융합적 성경교육이다.**

'바이블 키월드'는 과학, 미술, 수학, 언어, 자연, 다중지능의 모든 영역, 학문적, 사회, 문화의 모든 것을 초월하고 융합 가능한 성경교육이다. 그러므로 현재 융합교육 시대에서의 무궁무진한 발전 가능성이 있

---

22) 김도일, 『제4차 산업혁명 시대의 교육목회』(서울: 한국기독교교육학회, 2017), 66-67.

는 융합적 성경교육 프로그램이라 할 수 있다.

● **일곱째, 시리즈 성경교육이다.**

'바이블 키월드'는 성경 전체를 시리즈로 제작할 수 있는 성경교육이다. 현재 창세기부터 요한계시록까지 완성이 되어있고, 월드사랑 기독교교육연구원을 통해 1년 1독 성경교육 시스템을 체험할 수 있다.

3) '바이블 키월드'의 조직 구성원과 관리

'바이블 키월드'는 월드사랑교회 소속 월드사랑 기독교교육연구원의 10번째 프로그램으로서 조직은 성경 66권 성경 교육을 이수한 주 교사들이다. 교사들은 각자 맡은 역할대로 일을 진행하고 협력하면서 사역을 감당하고 있다.

조직은 담당 목사(전체 교사 훈련과 프로그램 기획 및 점검, '바이블 키월드' 문제 제작, 1년 커리큘럼 제작), 부장(재정관리, 전체 총괄), 개발 연구 팀장(프로그램 개발 연구 총괄, '바이블 키월드' 문제 제작), 연구원('바이블 키월드' 문제 제작, 인테리어, 무대장치, 조명, 재료 제작), 보조 연구원(체험실 구조 인테리어, 재료운반)으로 구성된다.

월드사랑 기독교교육연구원의 관리는 체계적으로 진행되는데, 첫째로는 담당 목사와의 1대 1 성경교육에 있고, 둘째로는 매주 수요 예배 후 연구모임이 있다.

　1대 1 성경교육은 담당 목사와 연구원들이 시간을 정하여 성경교육을 받는 것이다. 매주 수요 예배 후 진행되는 연구모임의 내용은 다음과 같이 진행된다.

　첫째, 교사교육이다. 교사로서의 기본 자질과 사명 교육, 기독교교육 연구원의 방향성과 가치관 교육, '바이블 키월드'의 정의와 가치관 교육에 대해 배운다.

　둘째, 1년 52주 커리큘럼 성경 내용을 회의 하고 아이디어 연구를 진행한다. 이를 통하여 매주 다른 '바이블 키월드'를 진행하며 매월 마지막 주일에 예배 후 2부 프로그램으로 '바이블 키월드'를 진행함에 있어서 물 흐르듯 자연스럽게 다음 세대가 성경내용을 더 잘 기억할 수 있도록 회의 하고 있다.

　셋째, '바이블 키월드'는 2018년에 창세기부터 요한계시록까지의 성경 66권을 중심으로 한 1년 1독 프로젝트를 완성했다. 매달 다른 주제로 진행되는 '바이블 키월드'의 성경 문제들이나 장치들을 꾸준히 보수 또는 발전시키고 체험실 구조를 연구하는 등 여러 가지 아이디어 기획 회의를 진행하고 있다. 이를 통해 중복되지 않는 문제 형식과 새로운 아이템들을 등장시켜 다음 세대들이 더욱 재미있게 성경 말씀을 배우고 접할 수 있도록 연구하고 있다.

4) '바이블 키월드'의 성경 문제들은 어떻게 만드나?

'바이블 키월드'와 일반 방탈출 카페와의 다른 점은 성경을 소재로 한다는 점이다. 보통의 방탈출 카페의 게임 문제들은 일반적인 상식과 세상 문화를 소재로 하기에 기본 지식이 있으면 문제를 풀기가 쉽다. 그러나 '바이블 키월드'는 성경 지식이 없는 아이들이 문제를 풀기에는 어려울 수 있다.

이에 교사와 사역자가 어떻게 하면 쉽게 성경 말씀을 접하게 할 수 있을지 고심하며 문제를 만들었다. 이 과정에서 교사와 사역자는 성경 말씀을 깊이 묵상하게 되고 많은 아이디어를 나누게 된다.

'바이블 키월드'는 양질의 큐시트 제작이 관건이다. 큐시트를 만드는 순서는 다음과 같다.

① 대주제인 달별 주제를 잡아라.
② 소주제인 4주간 설교할 주제를 정하라.
③ 4개의 소주제를 더 세분화하여 2개 정도 파트를 만들어라.
④ 파트별로 내용에 맞는 문제를 만들어라.

5) '바이블 키월드'의 구성

'바이블 키월드'의 구성은 ① 공간 활용, ② 인적 자원, ③ 팀 분배, ④ 소요시간, ⑤ 진행순서이다.

① 공간 활용

'바이블 키월드' 체험실의 크기는 작은 유아실 정도도 괜찮으며, 만약 따로 방이 없는 개척교회 같은 경우에는 교회 본당을 사용하면 된다. 이때 강대상을 가리고 본당 구석구석에 문제들을 배치한다. 본당이 클 경우, 그림이나 시각 자료들을 크게 인쇄하여 주변에 붙이고 활동량이 많은 문제들을 만들어 코스별로 배치해도 좋다.

성물실	대 강대상	목양실	베란다
본당 (재정비, 무전기)		드럼& 악기팀	
		방송실	주방 (간식, 사진촬영, 신앙상담)
큰 목양실	유아실 ['바이블 키월드' 체험 장소]		교회 로비 (게임설명, 입 장대기))

그림1. [월드사랑교회 본당 공간 활용]

강대상	시리즈 액자 전시	바이블 키월드 2 체험실
다음 세대 연합 예배실 (교육장, 파티장)	(소개팀) (무전팀) (정비팀)	바이블 키월드 1 체험실
	로비 복도	상담실
멀티 작업실	(사진 촬영)	로비 데스크

그림2. [월드사랑교회 교육관 공간 활용]

② 인적 자원

'바이블 키월드' 진행에 필요한 최소한의 교사는 3명이지만 원활한 진행을 위해서는 7명 정도 확보되는 것이 좋다. 만약 3명으로 '바이블 키월드'를 진행하는 경우 다음의 구성으로 프로그램을 인도하면 된다.

교사 1: 프로그램 설명 및 무전기 담당(문제힌트)
교사 2: 참가자 인솔 및 다음 팀을 위한 장소 재정비
교사 3: 간식준비 및 사진 촬영, 신앙상담

교사1	교사2	교사3
<교육장> 프로그램 내용 설명 <체험장> 무전팀	<체험장> 정비팀	<파티장> 사진촬영 신앙상담

가장 이상적인 7명으로 '바이블 키월드'를 진행하는 경우 다음의 구성으로 프로그램을 진행한다.

교사 1, 2: '바이블 키월드'에 참가할 아이들을 전도(방법 ❶)
        교회에서 센터학습 진행(방법 ❷)
교사 3: 프로그램 내용 설명
교사 4: 참가자 인솔과 장소 재정비
교사 5: 무전기 힌트 담당
교사 6: 간식 및 사진촬영 담당
교사 7: 신앙상담

교사1,2	교사3	교사4	교사5	교사6	교사7
전도팀	<교육장>	<체험장> 소개팀 정비팀	<체험장> 무전팀	<파티장> 사진촬영	<파티장> 신앙상담

③ 팀 분배

'바이블 키월드'를 진행하는 교회의 준비된 장소 사이즈를 생각하여 팀을 짠다. 방의 크기가 작으면 2-3명 정도로 팀을 짜고, 방의 크기가 크다면 5-7명 정도가 적당하다. 만약 한 팀당 인원이 너무 많으면 문제를 풀 때 적극적으로 참여하지 못해 소외되는 인원이 생길 수 있으니 유의한다.

④ 소요시간

아래의 예시는 필자의 교회에서 15분씩 5팀으로 진행했던 '바이블 키월드' 프로그램 큐시트이다. 공원에서 전도 프로그램이 시작되어 구성된 팀들을 1팀씩 교회로 보내고 약 15분짜리 '바이블 키월드'를 체험하고 귀가하기까지는 약 50분정도 걸린다. 5팀을 연이어 진행할 경우, 총 2시간 20분 정도가 소요된다.

<한 눈에 보는 '바이블 키월드' 프로그램 큐시트 (15분짜리 체험 예시)>

오후 3:00 시작 (첫 팀 빼고, 라운드별로 20분 간격으로 교회로 보낸다)		공원 전도 & 팀 짜기 & 체험 (공원과 교회의 거리는 약 5분)		5팀 (한 팀당 6명씩 총30명 참여)	
1팀	2팀	3팀	4팀	5팀	
3:10 교회로 출발	3:30 교회로 출발	3:50 교회로 출발	4:10 교회로 출발	4:30 교회로 출발	
3:15 도착&설명	3:35 도착&설명	3:55 도착&설명	4:15 도착&설명	4:35 도착&설명	
3:25 체험시작	3:45 체험시작	4:05 체험시작	4:25 체험시작	4:45 체험시작	
3:40 끝 & 재정비 사진, 간식, 상담	4:00 끝 & 재정비 사진, 간식, 상담	4:20 끝 & 재정비 사진, 간식, 상담	4:40 끝 & 재정비 사진, 간식, 상담	5:00 끝 & 재정비 사진, 간식, 상담	
4:00 귀가 =50분소요	4:20 귀가 =50분소요	4:40 귀가 =50분소요	5:00 귀가 =50분소요	5:20 귀가 =50분소요	
전체 소요시간 약 2시간 20분					

⑤ 진행순서

a. 체험 전 팀 구성하기

팀을 구성하는 방법으로는 공원전도와 센터교육 총 2가지가 있다.

방법 ❶ 공원전도 방법(교사 2-3명 필요)

공원에 가서 전도할 때 가장 먼저 팀을 구성한다. 공원에 모인 아이들의 인원 상황에 맞춰 3-4명씩, 또는 5-7명씩 팀을 구성한다. 그 다음엔 미니 게임을 진행하며 아이들과 친해지고 마음의 문을 여는 작업을 한다. 이때 진행하는 미니 게임의 종류로는 미니올림픽(과자 먹기 릴레이, 코끼리코 방석 앉기, 안대릴레이, 미니볼링 등), 축구, 농구, 배드민턴, 피구, 런닝맨(이름표 뜯기) 등이 있다. 미니 게임을 진행할 때 최소 교사 1명이 필요하다. 첫 번째 팀을 제외하고 미니 게임에서 라운드 별로 승리한 팀을 20분 간격으로 한 팀씩 교회로 보낸다. 이때 아이들을 공원에서 교회까지 인솔하는 교사 1명이 필요하다.

방법 ❷ 센터교육 방법(교사 1-2명 필요)

교회에서 센터교육을 진행하며 '바이블 키월드'를 진행할 때에도 가장 먼저 팀을 구성한다. 교회에서 아이들의 인원 상황에 맞춰 3-4명씩, 또는 5-7명씩 팀을 구성한다. 그 다음에는 '바이블 키월드'에 입장하기 전, 준비한 보너스 문제풀기를 진행한다. 각 팀별로 교사의 진행에 따라 '바이블 키월드' 보너스 문제들을 푸는데 이는 처음 본 아이들과 친밀감을 형성하고, 모르는 아이들과 어색한 분위기를 편안하게 만들어준다. 문제를 풀면서 자물쇠의 사용법과 알아야할 기본 안내 사항들을 숙지시킬 수 있다. 이때, 센터교육 인도 교사가 적어도 1명이 필요하다. 그리고 첫 번째 문제를 맞춘 팀을 '바이블 키월드' 체험 설명 코너로 이동시킬 때 추가적으로 인솔 교사가 1명이 필요하다.

b. 아이들 교회 도착 ~ 아이들 귀가(교사 7명 필요)

❶ 교육장 : '바이블 키월드'의 전반적인 설명(10분, 교사 1명)

교육장에서 학생들에게 천지창조 편을 설명하고 있다

교회에 도착한 아이들은 바로 '바이블 키월드' 설명을 듣는데, 약 10분 정도 소요되며 이때 교사가 1명이 필요하다. 다음은 '십자가 사랑' 편 설명의 예시이다.

- 안녕하세요, 여러분! '바이블 키월드'에 오신 것을 환영합니다!
- 지금부터 간단하게 게임 설명을 하겠습니다. 혹시 여러분들 중에 교회 다녀본 친구 있나요?(대답에 대응한다)
- 이번 '바이블 키월드'는 예수님에 관한 이야기를 중심으로 만들어졌습니다. 내용으로는 예수님의 탄생, 사역 내용, 제자들과 마지막 식사를 하신 최후의 만찬, 십자가 사건과 부활 사건, 성령 받은 제자들의 복음전파와 천국과 영접기도에 대한 내용입니다.
- 여기 방탈출 안내 책자를 보면 예수님스토리에 대해 이해가 될 것입니다. (간단한 내용 설명)
- 여기 있는 자물쇠들은 '바이블 키월드'를 할 때 열게 될 자물쇠입니다(자물쇠 설명). 이것은 힌트가 필요할 때 쓰이게 될 무전기입니다(무전기 활용법 설명).
- 마지막으로 주의사항이 있습니다. '바이블 키월드'를 할 때, 방안에서 뛰거나, 점프하거나, 난폭한 행동을 하거나, 기물파손, 지나친 힘 사용, 종이 재료들을 찢거나, 액자를 부수거나, 핸드폰 사용, 가구 옮기기 등은 금지되어있습니다(한명씩 서약서에 서명 한다).
- 자, 이제 한 줄로 서서 각자 안대를 쓰고 출발하겠습니다(맨 앞사람에게 문제를 풀 수 있는 필기도구와 무전기를 지급한다).

❷ 체험장 : 체험자 인솔, 체험실 재정비 (5분, 교사 1명)

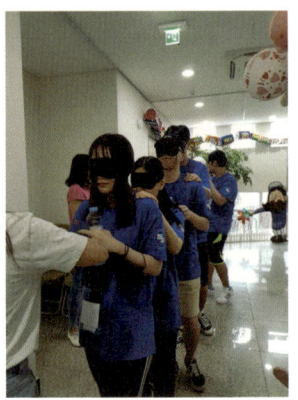

아이들을 한 줄로 서게 한 뒤, 맨 앞사람에게 종이와 연필, 무전기를 준다. 각자 안대를 착용한 후, 앞사람 어깨 위에 손을 얹게 하고, '바이블 키월드' 체험실로 이동시킨다. 이때 교사 1명이 필요하다. 그리고 체험이 끝나고 아이들이 체험실에서 나오면 교사는 체험실에 들어가 모든 재료와 장비들을 재정비하는데 소요 시간은 약 5분 정도가 필요하다.

❸ '바이블 키월드' 체험과 무전기 사용(15분, 교사 1명)

체험 도중 아이들은 풀리지 않는 문제가 있을 때 무전기를 통해 힌트를 얻을 수 있다. 이때 밖에서 CCTV를 보는 교사가 상황을 파악하여 무전기로 문제의 힌트를 알려준다. 이때 교사는 1명이 필요하다. 보통 '바이블 키월드' 진행 시간은 약 15분 정도가 소요되는데, 참가자의 문제 푸는 속도 및 진행사항에 따라 추가 시간을 줄 수 있다. 이에 따라 소요시간은 더 늘어날 수도 있다.

❹ 파티장 : '바이블 키월드' 체험 후 간식
시간과 사진촬영(10분, 교사 1명)

'바이블 키월드' 체험이 끝난 아이들은 폴라로이드로 기념사진을 찍고 사진의 여백에는 탈출한 날짜와 시간 기록을 적어서 게시판에 붙여준다. 그러면 아이들이 다시 교회에 왔을 때 사진을 보며 추억을 떠올릴 수 있고, 또 다른 '바이블 키월드' 테마에 참여하고 싶은 마음이 들게 된다. 사진촬영 이후에는 인솔교사와 함께 다음 장소로 이동하여 간식을 먹는다. 이때 교사는 1명이 필요하고 소요시간은 10분 정도이다.

❺ 신앙 상담(10분, 교사 1명)

간식을 먹으며 아이들과 자유롭게 대화하되, 간단한 신앙 상담을 한다. 이때가 복음을 제시하며 전도할 수 있는 좋은 기회다. 프로그램 중 가장 중요한 시간이기에 되도록 담당 교역자가 맡는 것을 추천한다. 상담의 소요시간은 약 10분정도이며 복음 제시를 할 수 있는 교역자 1명이 필요하다. 그리고 상담

후 아이들이 귀가할 때 기쁨으로 배웅한다. 아이들은 자신을 배웅해 주는 교사들의 마지막 모습까지 오랫동안 기억하기 때문에 소홀히 배웅하지 않는다.

2. '바이블 키월드' 실제! '십자가 사랑' 편!

이번에는 '바이블 키월드'의 대표 테마인 '십자가 사랑' 편에 대하여 준비부터 실제 문제지까지 자세히 살펴보려고 한다. '십자가 사랑' 편은 가족 공동체 회복을 위한 성탄절 프로그램이었다.

필자가 다음 세대들과 교류하고 대화하며 내린 결론은 교회의 기독교교육 문화가 너무나 적다는 것이었다. 성탄 축제를 봐도 매번 같은 찬양이나 악기 연주, 공연이 전부이고 다음 세대나 성도들이 함께 참여하고 같이 대화할 만한 것이 별로 없다. 가장 중요한 가족 공동체가 모여서 함께 할만한 것이 무엇이 있을까 고민하던 끝에 가족과 함께하는 성탄 축제 특집 '바이블 키월드 - 십자가 사랑' 편을 준비하게 되었다.

'십자가 사랑'은 예수님의 탄생부터 재림까지의 내용을 구성하여 제작되었다. '십자가 사랑'은 다른 시리즈와는 달리 오로지 가족끼리 팀을 이루어 협력하는 것에 초점을 맞추었다.

'십자가 사랑' 편을 체험한 성도들은 "가족과 함께 한 공간에서 서로 대화하고, 협력하며 문제를 풀어나가는 순간들이 너무 행복하고 즐거웠다. 처음에는 어색하고 어려웠지만 점점 시간이 지날수록 잘 협력할 수 있게 되었고 가족과 함께 힘을 합쳐 문제를 풀어가는 것이 너무 뿌듯했다."면서 즐거운 소감을 이야기 했다.

'바이블 키월드'를 통해 가족이 함께 협력하며 문제를 해결해 나가면서 가족 공동체가 회복되고 단절된 가족과의 대화의 장이 열려지게 될 것이다. '십자가 사랑' 편의 내용을 통해 믿지 않는 가정에는 복음을 전파하고, 기존 성도 가정은 서로의 사랑과 믿음을 재점검하는 귀한 시간이 될 것이다.

가족과의 대화의 장이 단절되는 요즘, 이 프로그램이 현 시대에 한 줄기 희망이 되어 가족 공동체의 회복의 장이 되기를 간절히 소망한다.

1) 포스터 제작

'바이블 키월드'를 기획하고, 홍보를 위해 주제에 맞는 포스터를 제작하여 사용한다. 그리고 만들어진 포스터는 벽면 포스터 전시장과 '바이블 키월드' 체험실 문에 설치된 포스터 케이스에 넣어둔다.

'십자가 사랑'편 포스터

별을 따라가는 동방박사들

예수님의 탄생

십자가 사랑

예수님의 부활   예수님의 승천

2) 사전 성경 교육

  필자는 '바이블 키월드 - 십자가 사랑' 편을 진행하기 위해 앞서 4주간 예수님 시리즈 설교를 했다. 4주 동안 배운 성경 말씀을 토대로 '바이블 키월드'에 참여하며 아이들은 말씀을 복습할 수 있게 되어 좋고, 가족들이나 전도된 새 친구들은 다른 친구들과 함께 '바이블 키월드'를 참여하며 말씀을 배울 수 있다. '십자가 사랑' 편, 예수님의 일대기 4주 설교 예시는 다음과 같다.

첫째 주는, 탄생하심(마 2:1-11)과 예수님의 사역 – 야이로의 딸(막 5:22-24, 35-43), 나사로를 살리심(요 11:1-44)에 대한 설교를 한다.

둘째 주는, 최후의 만찬(막 14:22-25)과 십자가 사랑(막 15:16-41), 부활하신 예수님(눅 24:25-35)에 대한 설교를 한다.

셋째 주는, 승천(행 1:1-11)과 성령강림(2:1-4), 제자들의 복음 전파 (2:5-47)에 대한 설교를 한다.

넷째 주는, 예수님의 재림(요 14:1-3, 마 24:29-31)을 설교한다.

3) '바이블 키월드' 안내 책자

'바이블 키월드'와 일반 방탈출 카페와의 다른 점은 성경을 소재로 한다는 점이다. 보통 일반 방탈출 카페의 게임 문제들은 일반적인 상식과 세상 문화를 소재로 하기에 기본적인 지식만 있다면 문제를 풀기가 쉽다. 그러나 '바이블 키월드' 문제는 성경 지식이 없는 사람들이 문제를 풀기에는 어렵기 때문에, 간단한 안내 책자를 제공하여 문제를 푸는데 도움이 되게 한다.

4) 준비물 목록

● 번호 키가 있는 교회, 일반 손잡이로 된 교회

'바이블 키월드' 체험실에 출입하는 문의 손잡이가 어떤 형태인지 확인한다. 번호 키가 달린 교회들도 있고, 일반 손잡이로 된 교회도 있다. 일반 손잡이로 된 교회는 손잡이를 분해하여 반대로 설치한다. 이렇게 하면 밖에서 문을 잠글 수 있다. 번호 키가 있는 교회는 문을 밖에서 잠글 수 없으므로 마지막 문제를 다 풀고 무전기에 비밀번호를 말하면 방탈출 하는 것으로 대체 한다. 또는 마지막 보석함에 상징적인 요소(열쇠나 다른 것)를 찾으면 방을 탈출하는 것으로 한다. 그렇지만 재정적 지원이 충분한 교회는 새로운 여분의 열쇠를 설치하여 방탈출 하는 것이 훨씬 현장감이 있어 재미있다.

● 월드사랑 기독교교육연구원에서 사용한 준비물 목록

'십자가 사랑' 편을 준비할 때에 필자의 교회에서 사용한 목록은 다음과 같다.
① 자물쇠 - 네 자리 숫자 자물쇠 8개, 알파벳 자물쇠 1개, 열쇠 형 자물쇠 1개
② 서랍장 - 2단 서랍장 1개, 미닫이 서랍장 1개, 보석함 1개
③ 가방 - 미니 가방 1개, 화판 가방 A2 사이즈(지퍼) 1개

④ 영상 미디어 - 핸드폰 5개(녹화용 1개, CCTV 녹화용 1개, 모니터용 1개, 카운트영상용 1개, 증강현실용 1개), 카운트영상용 모니터 1개, 무전기 2개

⑤ 기타 준비물 - 성경책 1권, 세마포 1개, 패브릭 세계지도 1개, 와이드형 거울 1개, 안내 책자 10개, 최후의 만찬 그림용 A2 사이즈 액자 1개, 한글타일, 메모보드, 안대, 십자가

5) '십자가 사랑' 편 문제와 풀이

'십자가 사랑' 편에는 총 9개의 성경 문제가 있다. 지금부터 각 단계별 문제 풀이 과정과 문제를 통한 기독교교육적 깨달음을 소개하고자 한다.

● 1단계 예수님의 탄생

방에 입장하면 모니터에서 재생되는 영상(힌트+카운트)을 시청한다. 영상이 모두 재생된 후 마지막 화면에 보였던 별 모양을 주변에서 찾는 것으로 '바이블 키월드'가 시작된다. 아이들은 별이 붙어있는 사물함이 열려있는 것을 발견하고, 그 안에는 첫 번째 미션지와 숫자가 적힌 황금, 몰약, 유향 그림이 들어있다.

[별이 붙어있는 서랍장을 열면 미션지와 세 가지 예물 그림이 들어있다]

Bible Key World [십자가 사랑]

월드사랑 기독교교육연구원

Q. 예수님의 탄생 2

동방박사들은 아기 예수님의 탄생을
축하하기 위해 예물을 들고 서있다.
동방박사 그림에서 예물의 순서를 알아보시오.

password: ☐ ☐ ☐

Copyright ⓒ 2019. 월드사랑 기독교교육연구원 All rights reserved.

Copyright ⓒ 2019. 월드사랑 기독교교육연구원 All rights reserved.

★해결point

별을 따라 움직였던 동방박사처럼 아이들도 별을 찾는 것으로 '바이블 키월드'가 시작된다. 2장의 그림 안에 그려진 예물 모양을 비교하면 답을 쉽게 찾을 수 있다.

◆답 : 213

▶1단계 답 213으로 다음 단계 서랍장을 연다. → 서랍장에는 2단계 문제지가 들어있다.

1단계 참가자들이 안대를 착용한 채 줄을 지어 입장하면서 '바이블 키월드'가 시작된다. 안대를 벗는 동시에 카운트다운 영상이 시작되고, 마지막 장면에 나왔던 별을 찾음으로 1단계 문제풀이가 시작된다. 첫 번째 문제는 아기 예수님의 탄생에 관한 내용이다. 방에 들어가서 주위를 둘러보다보면 별이 붙어있는 사물함을 발견할 수 있다. 이미 열려있는 사물함을 열면 그림 2장이 나오는데 동방박사들이 들고 있는 예물과 아기 예수님께 드린 예물의 모양을 비교하여 문제를 풀면 쉽게 풀 수 있다.

이 문제를 통하여 우리는 어떤 믿음을 가져야 하는지 생각해 볼 수 있다. 아기 예수님을 찾아 나선 동방박사의 믿음처럼 우리도 주님을 찾는 준비된 믿음, 거룩하고 정결한 믿음, 주님께 감사를 드릴 줄 아는 믿음을 가져야 한다. 예배에 대한 의미와 마음가짐에 대하여 다시 생각해보고 다음 세대에게 올바른 믿음과 생각을 가질 수 있도록 지도해야 한다.

● **2단계 예수님의 사역 - 야이로의 딸**

1단계를 지나 다음 단계로 가면 예수님이 어린 아이를 안고 있는 그림이 보인다. 그 옆에는 미션지와 한글 타일이 들어있는 상자가 있다.

Bible Key World [십자가 사랑]

월드사랑 기독교교육연구원

Q. 예수님의 사역- 야이로의 딸

예수님은 회당장 야이로의 딸을 살리셨다. 예수님의 능력을 나타내는 말 '☐ ☐ ☐ ☐'을 대화 글에서 찾아 한글타일로 만드시오.

password: 5 4 ☐ ☐
　　　　　　　　　　한글타일의 개수

[예수님과의 대화 내용]

예수님: 소녀야, 일어나라!

행인1: | 목 | 숨 | 도 | 예 | 수 | 님 | 께 | 달 | 려 | 있 | 나 | ··· $\frac{8}{11}$

엄마: | 우 | 리 | 딸 | 이 | 살 | 았 | 어 | ··· $\frac{2}{7}$

행인2: | 눈 | 을 | 다 | 시 | 뜨 | 다 | 니 | ··· $\frac{3}{7}$

행인3: | 죽 | 어 | 서 | 꿈 | 적 | 도 | 안 | 했 | 는 | 데 | ··· $\frac{4}{10}$

야이로: 오, 주님 감사합니다!

Copyright © 2019. 월드사랑 기독교교육연구원 All rights reserved.

★해결point

그림에서 사람들의 대화 내용을 잘 읽어보면 예수님의 말씀이 힌트이다. 예수님과의 대화 내용에서 글자를 찾고(달리다굼) 한글타일로 글자를 만들고 한글타일의 개수(10개)를 세어보면 답이 나오게 된다.

| 목 | 숨 | 도 | 예 | 수 | 님 | 께 | 달 | 려 | 있 | 나 | ··· $\frac{8}{11}$

11개의 글자 중 8번째 글자

| 우 | 리 | 딸 | 이 | 살 | 았 | 어 | ··· $\frac{2}{7}$

7개의 글자 중 2번째 글자

| 눈 | 을 | 다 | 시 | 뜨 | 다 | 니 | ··· $\frac{3}{7}$

7개의 글자 중 3번째 글자

| 죽 | 어 | 서 | 굼 | 적 | 도 | 안 | 했 | 는 | 데 | ··· $\frac{4}{10}$

10개의 글자 중 4번째 글자

글자를 만들기 위해 필요한 한글 타일은 모두 10개가 된다.

| ㄷ | ㅏ | ㄹ | ㅣ | ㄷ | ㅏ | ㄱ | ㅜ | ㅁ |

[한글타일]

◆답 : 5410

▶2단계 답 5410으로 다음 단계의 서랍을 연다. 서랍장에는 나사로에 관한 문제지가 들어있다.

2단계는 예수님의 사역 가운데 회당 장 야이로의 딸을 살리신 내용이다. "달리다굼"(소녀야 일어나라) 하시며 아이를 살리신 말씀을 안다면 문제를 조금 더 쉽게 풀 수 있다. 대화 글 옆의 분수는 몇 번째 글자가 답인지 알려주는 힌트이다(8/11은 11글자 중 8번째라는 뜻). 이 방법대로 답을 찾으면 '달리다굼'이라는 단어를 찾게 된다. 이것을 한글 타일로 만들고 개수를 세어보면 답이 나온다.

이 문제를 통하여 우리는 예수님이 행하신 사역들을 그저 '기적'으로만 볼 것인지 아니면 '능력'으로 볼 것인지 생각해 봐야할 것이다. 예수님 시대의 사람들은 예수님께서 행하신 사역들을 단순히 기적으로만 보는 경우가 많았다. 예수님을 뒤따르면 신비한 일들을 많이 보고 먹고 마실 수 있기에 예수님의 능력을 인정하기 보다는 그저 신기해서 따라다닌 사람들이 많았다는 것을 알아야 한다. 우리는 예수님의 사역들이 예수님의 신적 능력임을 인정하고 주님이 행하신 사역들에 대하여 감사와 찬양을 드릴 줄 아는 성도가 되어야 한다.

● 3단계 예수님의 사역 – 나사로

2단계를 지나 다음 단계로 가면 미션지와 알파벳과 기호가 적힌 암호지가 있다.

Bible Key World [십자가 사랑] 　　　　　　　월드사랑 기독교교육연구원

Q. 예수님의 사역- 나사로

예수님은 죽은 나사로를 말씀으로 살리셨다.
"Lazarus, _____ !"
그림의 가운데 찢어진 부분에 들어갈 답을 찾아
핸드폰에 입력하고 '확인'을 누르시오.

password: ☐ ☐ ☐ ☐ ☐ ☐ ☐

Copyright ⓒ 2019. 월드사랑 기독교교육연구원 All rights reserved.

★해결point

그림의 가운데 부분 찢겨진 곳의 위쪽과 아래쪽의 알파벳과 기호들을 잘 살펴 보아야 한다.

⊃	M	XS	G	9	M	V
∩	N	S	F	X	O	U
⊂	O	M	E	O	U	T
U	P	L	D	=	S	S
⊃	Q	XL	C	O	E	R

Copyright ⓒ 2019. 월드사랑 기독교교육연구원 All rights reserved.

◆답 : Come Out

▶3단계 답 Come Out을 핸드폰에 입력하면 폰 바탕에 0728이 나온다. 이 번호로 다음 단계의 서랍장을 연다. 다음 단계인 최후의 만찬 관련 문제지가 들어있다.

3단계는 예수님의 사역 중 나사로를 살리신 사건에 대한 내용이다. 미션지를 보면 예수님께서 나사로를 말씀으로 살리셨다는 것을 알 수 있고 영어로 표기되어 있다. 그림의 기호와 알파벳들을 세로방향으로 연관지어 추리해보면 찢겨진 부분의 답을 알 수 있게 된다.

이 문제를 통하여 우리는 예수님의 '능력'에 대해 다시 한 번 깊이 생각해 봐야할 것이다. 예수님 당시 시대의 사람들처럼 예수님이 죽은 나사로를 살리신 것을 그저 기적으로만 보고 예수님을 뒤따른다면, 신비한 일들이 일어나는 것을 감탄만 하고 먹고 마시기에만 그친다면 그것은 예수님의 능력을 제대로 알지 못할 뿐만 아니라 인정하지 않는 것이다. 우리는 예수님의 사역들이 예수님의 신적 능력임을 인정하고 주님이 행하신 사역들에 진정한 감사와 찬양을 드릴 줄 아는 성도가 되어야 한다.

● **4단계 최후의 만찬**

3단계를 지나 다음 단계로 가면 최후의 만찬 그림 속에 있는 잔, 떡, 병과 관련된 문제와 미션지가 나온다.

[최후의 만찬] 마가복음 14:22-24

"그들이 먹을 때에 예수께서 떡을 가지사 축복하시고 떼어 제자들에게 주시며 이르시되 받으라 이것은 내 몸이니라 하시고 또 잔을 가지사 감사 기도 하시고 그들에게 주시니 다 이를 마시매 이르시되 이것은 많은 사람을 위하여 흘리는 나의 피 곧 언약의 피니라"

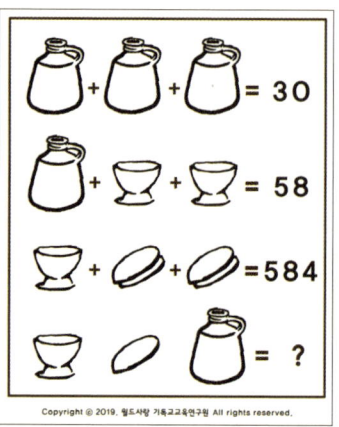

Bible Key World [십자가 사랑]

Q. 최후의 만찬

예수님은 마지막 최후의 순간을 제자들과 함께하셨다.
물음표에 들어갈 숫자를 알아내시오.

password:

★해결point

10+10+10=30

10+24+24=58

24+280+280=584

24+(140x10)=1424

- 병은 각 10이다
- 잔은 각 24이다
- 떡은 각 140이다

- 병, 잔, 떡의 각각의 값을 잘 찾아내야 한다.

- 사칙연산 중 곱셈을 덧셈보다 먼저 계산한다.

◆답 : 1424

▶4단계 답 1424로 다음단계 서랍장을 연다. → 서랍장에는 5단계 문제지가 들어있다.

4단계는 예수님께서 제자들과 함께 최후의 만찬을 하신 내용이다. 서랍에서 발견한 미션지를 들고 최후의 만찬 그림이 있는 곳으로 이동한다. 그리고 액자에 있는 잔, 떡, 병의 그림 문제를 풀어야 하는데 주의할 점은 맨 마지막에 사칙연산 중 곱셈을 덧셈보다 먼저 계산해야 오답이 나오지 않는다는 것을 명심하고 풀어야 한다. 사칙연산의 답을 통해 다음 비밀번호를 알 수 있다.

이 문제를 통하여 예수님께서 마지막으로 붙잡히시기 전에 제자들과 함께 떡과 잔을 나누시며 교제하시고 만찬의 시간을 가지심을 볼 때, 마지막 순간까지도 제자들을 끝까지 사랑하시고 돌보심을 알 수가 있다. 우리도 다음 세대들을 끝까지 포기하지 않고 사랑으로 돌봐야 함을 인식하며, 또한 가정에서 올바른 신앙교육과 교회와 연계된 신앙훈련으로 다음 세대들이 탈선하지 않고 주님 안에서 올바른 기독교 가치관을 가지고 흔들림 없는 신앙을 가질 수 있도록 인도해야 할 것이다.

● 5단계 십자가에 달리심

4단계를 지나, 다음 단계로 가면 십자가와 숫자 및 기호를 발견하게 된다. 십자가 위에는 '유대인의 왕 예수'라는 팻말이 반전된 글씨로 붙어있고 맞은편에는 거울이 있다.

Bible Key World [십자가 사랑]   월드사랑 기독교교육연구원

Q. 십자가에 달리심

예수님은 우리 죄를 위해 십자가에 못 박혀 돌아가셨다.
십자가에 등을 기대고 서서 거울에 비춰진
기호의 모습을 보고 답을 알아내시오.

password:

★해결point
- 유대인의 왕이 반전으로 쓰여 있는 것을 발견하고 거울이 힌트임을 알아낸다.
- 문제지의 기호(　　　)를 거울에 비춰 반전된 모양의 순서대로 숫자를 대입해본다.
◆답 : 1125
▶5단계 답 1125로 돌문이 있는 미닫이 서랍장을 연다. → 서랍장에는 세마포를 상징하는 천이 들어있다.

5단계는 십자가에 달리신 예수님에 대한 내용이다. 미션지에 나와 있는 모서리 기호만 보면 문제를 풀 수가 없다. 그러나 자세히 들여다 보면 십자가 위에 '유대인의 왕 예수'라는 팻말이 반전된 글씨로 붙어 있는 것을 볼 수 있고 맞은편에는 거울이 있는 것으로 보아 반전된 내용을 추리하는 방식임을 알 수 있다. 그러므로 십자가에 서서 맞은편 거울에 보이는 모서리 기호 순서대로 숫자를 보면 답을 알 수 있다.

이 문제를 통하여 십자가에 달리신 예수님을 깊이 묵상해보기를 소망한다. 우리는 예수님께서 나의 죄 문제 때문에 십자가에 못 박혀 돌아가심을 너무 자주 잊고 산다. 심지어 어느 때는 예수님의 십자가 사랑을 마치 옛날이야기처럼 진부하게 기억할 때가 많다. 예수님의 사랑은 과거로 끝나버린 것이 아니라 현재 진행형이 되어야만 한다. 우리는 매순간 예수님의 십자가 사랑을 묵상하고 기억하며 살아야 한다. 감사 고백과 찬양으로 주님께 나아가야 함을 잊어서는 안 된다. 우리의 다음 세대들도 복음을 무가치하게 여기지 않고 고귀한 최고의 사랑임을 자각할 수 있도록 가정과 교회가 힘을 합하여 십자가 사랑을 선포해야 한다.

● **6단계 부활하심**

5단계를 지나 다음 단계로 가면 돌무덤 안의 천을 펼쳐보게 되고 거기에는 문제들이 적혀있다.

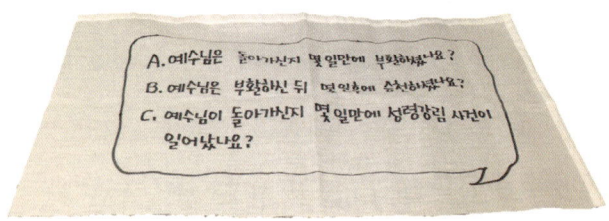

Bible Key World [십자가 사랑]　　　　　월드사랑 기독교교육연구원

Q. 예수님의 부활

예수님은 죽음을 이기시고 부활하셨다.
세마포에 적힌 문제의 답을
아래의 식에 적용시키시오.

password: ☐ ☐　☐ ☐
　　　　　　A+B　C

Copyright © 2019. 월드사랑 기독교교육연구원 All rights reserved.

Bible Key World [십자가 사랑]　　　　　월드사랑 기독교교육연구원

예수님은 돌아가신지 3일 만에 부활하셨다.
예수님은 부활하신 후 40일 뒤에 승천하셨다.
예수님은 승천하신 후 10일 뒤에 성령 강림하셨다.

Copyright © 2019. 월드사랑 기독교교육연구원 All rights reserved.

★해결point
- 예수님의 부활사건과 승천 및 성령강림 사건을 알고 있어야 문제를 풀 수 있다.
- 부활 : 죽은 자가 다시 살아나는 것
- 승천 : 하늘로 올라가는 것
- 성령강림 : 예수님이 승천하시고 제자들이 한 자리에 모여 기도할 때 성령이 마치 불의 혀 같이 갈라지는 모습으로 모든 이들에게 보이고, 각 사람마다 성령님이 임하신 사건
- 질문을 자세히 봐야 헷갈리지 않고 답을 찾을 수 있다. 오순절을 생각하여 C는 무심코 50이라고 생각하기 쉬운데 문제는 예수님이 돌아가신 후로부터 계산해야 하므로 3을 더해야 한다.
- A=3 B=40 C=53

◆답 : 4353

▶6단계 답 4353으로 다음단계 서랍장을 연다. → 서랍장에는 핸드폰과 퍼즐조각이 들어있다.

6단계는 예수님의 부활하심에 대한 내용이다. 상자를 열면 그 안에 세마포를 상징하는 천에 적힌 문제와 미션지, 힌트지를 발견하게 된다. 세마포에 적힌 문제들을 보며 3가지의 질문의 답을 찾아 비밀번호를

획득한다. 세 가지 질문은 다음과 같다.

예수님은 돌아가신지 몇 일만에 부활하셨나요?
예수님은 부활하신 뒤 몇 일후에 승천하셨나요?
예수님이 돌아가신지 몇 일만에 성령 강림 사건이 일어났나요?

이 문제를 통하여 우리는 부활하신 예수님의 소식을 온 세상에 전파해야 한다는 사명을 자신의 믿음 판에 되새겨야 한다. 예수님의 부활 소식은 최고의 기쁜 소식이다. 예수님께서 만약 십자가에서 죽으시고 부활하지 않으셨다면 그저 그런 선지자 중 하나가 되는 셈이다. 그러나 예수님은 죽음을 이기고 다시 살아나셨으며 이로 인해 우리에게 부활의 소망을 주셨다. 예수님의 신성을 나타내심으로 우리는 예수님을 구세주와 주님으로, 또 하나님의 아들이심을 믿을 수 있다. 우리는 다음 세대에게 부활의 소식을 전해주는 것이 매우 중요함을 명심해야 한다. 모든 사람이 예수님의 부활 소식을 기쁨으로 찬양하며 감사드릴 수 있는 시간이 되기를 소망한다.

● **7단계 승천 & 성령강림**

6단계를 지나 다음 단계로 가면 미션지와 핸드폰, 퍼즐 조각(+증강현실 실행 안내문)을 얻게 된다. 벽에는 퍼즐 조각을 맞추기 위한 퍼즐 프레임이 걸려있다.

Bible Key World [십자가 사랑]   월드사랑 기독교교육연구원

Q. 예수님의 승천 & 성령강림

예수님은 승천하신 후 약속하신 성령님을 보내주셨다.
퍼즐 완성 후 제시된 핸드폰을 사용하여
증강현실 어플을 실행하시오.

password: ☐ ☐ ☐ ☐ ☐

★해결point
- 증강현실의 개념을 이해하고 있어야 한다.
- 퍼즐 틀 안에 퍼즐조각들을 모두 맞추고 난 뒤, 안내문에 따라 핸드폰으로 증강현실 어플리케이션을 실행하면 답이 나온다.

◆답 : ACTS!

▶7단계 답 ACTS! 로 다음 단계 서랍장을 연다. → 서랍장에는 8단계 문제를 위한 문제지가 들어있다.

    7단계 문제는 예수님의 승천과 성령강림 사건에 대한 내용이다. 7단계에서는 퍼즐 조각을 모두 맞추고 그 위에 핸드폰의 카메라 화면을 비춘 후 증강현실 어플을 실행해야 답을 알아낼 수 있다. 증강현실이란 (AR) 사람들이 보는 현실세계에 3차원의 가상물체를 띄워 보여주는 기술로 스마트폰에 관심이 많은 사람이라면 한번쯤 경험해봤을 기능이다. 예를 들어 친구가 보고 있는 책에 대한 정보가 알고 싶을 때, 스마트폰에 증강현실 어플을 실행한 다음 카메라 화면으로 책을 비추면 증강현실 어플이 이를 인식하여 책 제목과 저자, 출판사, 평점, 가격 등이 핸드폰 화면에 나타나게 된다. 퍼즐만 어렵지 않게 잘 맞춘다면 어플로 답을 쉽게 알아낼 수 있다. 퍼즐을 맞출 때에는 프레임의 모서리와 가장자리부터 맞춰나가면 훨씬 빠르고 수월하게 완성시킬 수 있다.

이 문제를 통하여 우리가 주목해야 할 것은 예수님께서 승천하시기 전, 제자들에게 새 사명을 주셨다는 것이다. 부족하고 예수님께 등을 돌렸던 제자들을 다시 믿어 주셨다는 사실에 주목해야 한다. 우리는 연약한 인간이기에 쉽게 무너지고 포기하며 좌절할 때가 많다. 그럼에도 불구하고 이렇게 부족한 우리를 하나님은 기꺼이 택하시고 사용하신다. 우리를 통하여 하나님의 역사가 일어날 때 이것은 우리의 능력이 아닌 하나님이 주신 능력임을 알아야 한다. 하나님은 우리를 끝까지 포기하지 않으시고 우리를 통하여 역사하길 원하신다. 다음 세대들을 주님 품으로 인도하는 것, 또 다음 세대가 하나님의 제자로서 올바르게 성장하게 이끄는 일은 결단코 쉬운 일이 아니다.

하나님의 일은 하다보면 문득 문득 정말 포기하고 싶을 때가 수도 없이 찾아온다. 하지만 그럴 때마다 예수님께서 제자들을 훈련하신 방법을 기억하자. 포기하지 않고 끝까지 사랑으로 안으셨고, 그렇게 하셨기에 제자들은 생명 바쳐 끝까지 사명을 감당할 수 있었다. 개인과 가정 또 교회가 우리 다음 세대들을 포기하지 않고 끝까지 품고 나아가야 함을 다시 한 번 기억하고 명심하며 주님이 주신 새 사명을 반드시 수행해야 할 것이다. 또한 우리는 혼자가 아님을 기억해야 한다. 보혜사 성령님께서 마지막 날까지 우리와 함께하실 것을 믿고 능력 주시는 자 안에서 사명 감당 승리하기를 간절히 소망한다.

● 8단계 제자들의 복음전파

다음 단계로 가면 성경책과 "마태복음 10:2-4(12제자 이름), 사도행전 1:26(맛디아)" 이라고 적힌 힌트지와 미션지가 나온다. 이것들을 발견한 뒤, 안내 책자인 '사도요한 노트책자'의 순서에 따라 이동하면 제자들이 붙어있는 세계지도 앞으로 이동할 수 있다.

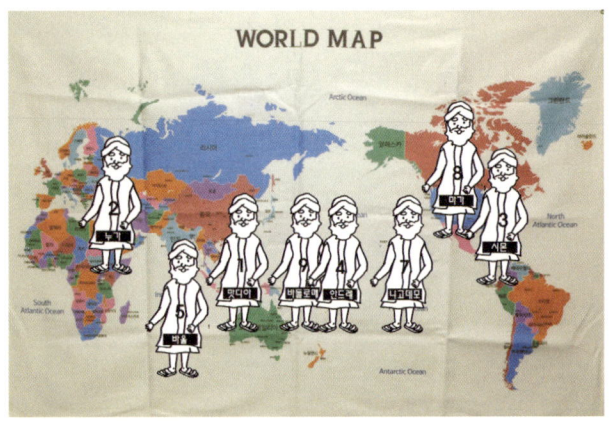

Bible Key World [십자가 사랑]   월드사랑 기독교교육연구원

Q. 제자들의 복음전파

예수님의 12제자 중 나머지 4명을 지도에서
찾아 이름을 '가나다' 순으로 나열하여
붙이시오.

password: ☐ ☐ ☐ ☐

Copyright ⓒ 2019. 월드사랑 기독교교육연구원 All rights reserved.

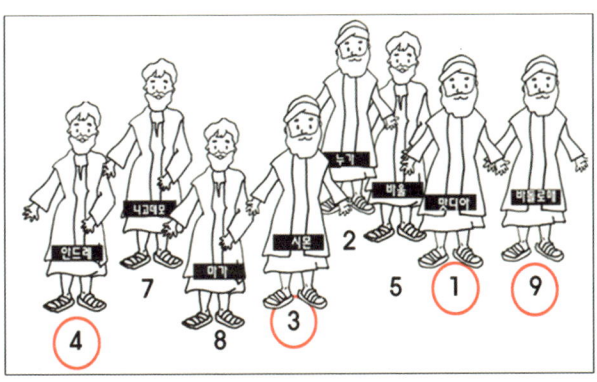

| 안드레 | 시몬 | 맛디아 | 바돌로매 |
| 4 | 3 | 1 | 9 |

가나다순으로
| 맛디아 | 바돌로매 | 시몬 | 안드레 |
| 1 | 9 | 3 | 4 |

제5장 Never Ending! '바이블 키월드'

★해결point

- 12제자가 누구인지 알아야 풀 수 있다.
- 가방에서 얻은 성경책과 구절 힌트를 가지고 말씀을 찾으면 12제자를 알 수 있다.
- 예수님의 12제자가 완성되도록 인물을 뽑는다.
- 뽑힌 제자들의 이름을 가나다순으로 나열하면 비밀번호를 알 수 있다.
- 맛디아 - 바돌로매 - 시몬 - 안드레
    1   9   3   4

◆답 : 1934

▶8단계 답 1934 로 화판 가방을 연다. → 화판 가방을 열면 천국 팝업북과 영접 기도문과 돋보기가 있다.

    8단계는 제자들의 복음 전파에 관련된 내용이다. 정확히 말하면 12제자들을 알아내는 것이 핵심 포인트이다. 7단계의 답으로 가방을 열면 성경책과 "마태복음 10:2-4, 사도행전 1:26"이라고 적힌 힌트지가 들어 있다. 성경책에서 말씀을 찾아 내용을 살펴보면 마태복음에는 12제자의 이름들이 나오고 사도행전에는 맛디아가 12번째 제자로 택함 받은 내용이 나온다. 12제자들 중에 빠져있는 4명을 세계지도에서 가나다 순으로 나열하여 붙이면 제자들에게 있는 숫자를 통해 비밀번호를 알 수 있다.

이 문제를 통하여 12제자의 이름을 다시 한 번 기억하게 되며, 가룟 유다가 자살했기 때문에 맛디아를 다시 12번째 제자로 뽑았던 내용을 알 수 있다. 자신들의 사명을 감당해나갔던 12명 제자들의 삶을 통해 하나님께서 우리에게 주신 사명이 무엇인지 다시 기억해보고 생명바쳐 사명 감당하는 믿음 갖기를 소망한다. 각 가정의 사명은 온 가족 구성원이 모두 예수님을 영접하여 천국 백성이 되는 것이며 그 가정을 통하여 믿음의 본을 보이고 하나님의 역사를 증거 하는 가정이 되어야 함을 우리는 반드시 명심해야 한다. 우리의 다음 세대는 나와 우리 가정의 모습을 보며 자라나고 그 가정의 신앙을 그대로 본받아 성장하게 되므로 각 가정이 보여야 할 신앙의 모습은 하나님이 보시기에 최고로 기뻐하시는 모습이 되어야 할 것이다.

● **9단계 예수님의 재림**

다음 단계로 가면 천국 팝업북과 영접 기도문, 돋보기가 나온다.

Bible Key World [십자가 사랑]   월드사랑 기독교교육연구원

Q. 예수님의 재림

예수님은 승천 후 다시 오실 것을 약속하셨다.
팝업 북에 있는 <u>색 돋보기</u>로 힌트를 찾아
영접기도문을 완성한 뒤 무전기에 대고 고백하시오.

★해결point

- 팝업북의 황금강 부분을 돋보기를 이용하여 보면서 단어를 찾아낸다.

◆답 : 1) 십자가 2) 구세주 3) 주님

(오답: 성령님, 생명수, 나사렛, 갈릴리, 생명, 영광, 율법, 십계명)

무전기에 영접 기도문을 다 읽고 나면, 방 밖에서 CCTV 화면을 보는 교사가 무전기로 마지막 보석함의 자물쇠 답(3927)을 알려준다.

▶9단계 답 3927 로 마지막 단계의 보석함을 연다. → 보석함에는 최종적으로 방을 탈출할 수 있는 열쇠가 들어있다. 탈출 성공!!!♬

마지막 9단계 문제는 예수님의 재림에 대한 내용이다. 화판 가방을 열면 영접 기도문 문제지와 색 돋보기, 천국 팝업북을 발견하게 된다. 천국 팝업북 안에 있는 황금강을 색 돋보기로 들여다보면 특히 또렷하게 보이는 단어들이 있는데, 그 단어들로 영접 기도문에 비어있는 곳을 완성할 수 있다. 완성된 영접 기도문을 무전기에 대고 고백하면 마지막 비밀 번호를 진행자(교사)가 알려준다. 그 비밀번호로 마지막 보물 상자를 열면 문을 열수 있는 열쇠가 들어있고, 마침내 방을 탈출할 수 있게 된다.

이 문제를 통하여 우리는 천국에 대한 소망을 가져야 한다. 우리 다음 세대에게도 천국 소망을 전해주어야 한다. 요즘 세대들은 소망이 없이 전전긍긍하며 살아간다. 공부를 해야 하는 이유도 모르고, 학교를 왜 다녀야 하는지도 모르고, 왜 내가 하고 싶은 대로 살면 안 되는지도 모르는 거친 풍랑 가운데 있다. 이러한 다음 세대에게 필요한 것은 소망이다. 우리가 끝까지 우리에게 주어진 사명을 감당하며 최후 승리를 했을 때 우리에게 주시는 하나님의 복을 기억해야 함을 다음 세대에게 전해주어야 한다. 또한 그 사명을 감당하려면 학업과 자신에게 주어진 일들을 책임감 있게 감당해야 함을 격려하며 조언해 주고 함께 선한 싸움들을 같이 싸워주며 나가야 한다. 가정과 교회가 연합하여 다음 세대 복음화와 제자훈련에 앞장서야 함을 명심하여 주님 다시 오실 때까지 우리에게 주신 사명을 감당하길 소망한다.

3. '바이블 키월드'의 미래

'바이블 키월드'는 앞으로 52주 설교자료, 가정과 연결된 성경교육 & 신앙교육, 노방전도 자료(야외 방탈출), 세미나 & 출장 & 방문 체험 사역, 증강현실 분반 성경 교육 자료 제작을 통해 다음 세대 선교와 교육 사역을 더욱 활발히 진행해 나갈 것이다.

● 52주 설교자료

'바이블 키월드'는 단순히 매월 마지막 주에만 진행되는 특별한 활동이 아니다. '바이블 키월드'를 통해 1년 52주 동안 매월 새로운 주제로 PPT, 그림, 영상 설교 자료가 생겨나고 있으며 그 양이 점점 커짐에 기쁨이 크다. 앞으로 이 52주 설교 자료를 더 체계화 시키고 발전시켜 다음 세대 복음화에 귀히 쓰임 받기를 소망한다.

● 가정과 연결된 성경교육 & 신앙교육

'바이블 키월드'를 진행하며 느끼는 또 하나의 기쁨은 바로 매주 설교하는 내용을 각 가정과 연계해서 집에서도 성경 교육이 진행된다는 점이다. 매주 설교 주제를 각 가정과 나누고 있으며, 다음 세대들은 교회와 가정에서 일관성 있는 성경 교육과 신앙 교육을 진행하여 믿음의 성장을 경험하고 있다.

● 노방전도 자료(야외 방탈출)

'바이블 키월드'는 매주 목. 금요일 2-4시 학교 앞 공원에서 노방전도를 할 때 전도 자료로서 훌륭한 역할을 담당하고 있다. 이 프로그램의 소개만으로도 아이들은 관심과 흥미를 보인다. 연구팀은 아이들이 야외에서부터 문제를 풀면서 교회까지 저절로 발걸음 할 수 있는 획기적인 전도 방법을 꾸준히 연구하고 있다. 아직 개발 중이긴 하지만 곧 새로운 프로그램으로 자리 잡을 수 있도록 준비 중이다.

● 세미나 & 출장 & 방문 체험 사역

'바이블 키월드'는 2017년에 장로회신학대학교 기독교교육연구원을 통해 '2018년 교육정책자료집' 세미나와 2018년에 대한예수교장로회총회 교육자원부의 요청으로 여름 지도자 세미나를 시작으로 각 노회를 다니며 세미나를 진행했고, 2018년 여름 성경학교 시즌에는 거의 매주 2-3개 교회를 순회하며 출장 사역과 또한 여러 교회가 필자의 교회로 방문하여 체험하는 사역을 감당했다.

그리고 현재 2019년에는 활발한 홍보와 함께 더욱 큰 세미나와 본격적인 사역을 진행 중에 있다.

● 증강현실 분반 성경교육 자료

'바이블 키월드'는 4차 산업혁명 시대의 모든 기술들을 총망라하는 기술의 집약체이다. 증강현실과 가상현실 등 여러 가지 하이테크 기술들을 사용하고 있다. 현재 연구 개발 중인 프로젝트 중 하나로 증강현실을 활용한 분반 성경교육 자료가 있다. 이미 2018년에 분반 성경교육 시간에 증강현실 어플을 사용하여 성경교육을 했는데 다음 세대의 반응이 뜨거웠다. 그리하여 현재 더욱 확장된 성경교육 자료를 개발하며 적용하고 있다.

4. 교회여 도전하라!

필자는 '바이블 키월드'를 통하여 인간의 공동체성 회복과 부흥, 단절된 인간관계의 회복, '우리'로서의 기독교적 공동체성 회복, 신앙 공동체의 회복, 기독교 생태계의 회복이 나타나기를 기대하며 본서를 저술했다.

다음 세대는 지구촌이 된 이 세상에서 더욱 빨라진 인터넷을 통해 수많은 사람들을 만난다. 그러나 그것은 단지 SNS 상에서의 만남일 뿐, 실제적인 '코이노니아'는 아니다.

다음 세대는 지금 고통을 당하고 있다. 학교에서, 가정에서, 사회에서 말할 수 없는 수많은 고통을 안은 채 살아간다. 그렇기 때문에 다음 세대는 침체되고 있으며 계속해서 죽어가고 그 생명을 잃어간다.

우리는 이러한 다음 세대들을 살려내야 할 사명이 있다. 하나님께서도 희생제물 되어주신 예수 그리스도로 말미암아 우리를 구원해 주셨다. 그러므로 십자가의 사랑을 받은 우리는 우리의 다음 세대를 죄와 사망에서 생명과 진리로 이끌어야 할 책임이 있는 것이다.

고통 받고 신음하는 히브리 백성들의 호소를 들으신 하나님은 즉시 히브리 백성들을 애굽에서 탈출시킬 방법을 준비하시고 모세를 통하여 히브리 백성들을 출애굽 시켜 젖과 꿀이 흐르는 가나안 땅으로 인도하셨다. 이처럼 우리도 고통 받고 신음하고 있는 다음 세대에 귀를 기울여야 한다. 그리고 그들을 경쟁과, 억눌리고 압박 가운데 있는 삶에서 자유와 희락과 행복과 서로 함께 함과 서로 보살피고 협동하는 삶으로 이끌어야 한다. 진정한 해방과 자유를 예수 그리스도 안에서 누리게 해야 한다. 그리고 더 이상 개인주의가 아닌 복음 안에 진정한 '코이노니아'를 선물해야 한다. 그렇기에 다음 세대를 교육하는 우리들은 기독교 세계관을 갖고 다음 세대를 상담하며 죄의 종노릇했던 과거의 모습 속에서 의의 종으로 진정한 변화를 이룰 수 있도록 이끌어 주어야 한다.

이러한 고민과 책임감을 가지고 필자는 '바이블 키월드'를 미래 기독교교육의 새로운 패러다임으로 고안했다. '바이블 키월드'는 구약의 출애굽기 말씀과 신약의 로마서와 누가복음, 요한복음 말씀을 토대로 했고, 예수 그리스도 안에 진정한 '코이노니아'를 기반으로 하여 만들어졌다.

'바이블 키월드'는 놀이로서 효과적인 성경교육을 가능케 하며 단절되고 끊어졌던 개인이 공동체를 만나 새로운 '코이노니아'가 이루어지며 공동체의 회복과 진정한 기독교교육의 현장이며 기독교 문화의 새로운 패러다임이다.

'바이블 키월드'는 다음의 5가지 연구 과제를 제시한다.

① '바이블 키월드'가 단순한 게임이나 놀이로 끝나선 안 된다. 신앙 공동체 회복을 위한 연결 고리로서 학생과 학생을 연결해주고, 학생과 가정을 연결해주고, 가정과 교회를 연결해주며, 교회와 마을을 연결해주는 매개체가 되어야 한다. 궁극적으로는 기독교 생태계를 회복시키는 기독교교육의 연구가 계속해서 실시되어야 할 것이다.

② '바이블 키월드'가 앞으로 더욱 체계적인 1년 52주 설교 자료와 가정교육 자료, 분반공부 자료를 만들어 학생, 교회, 가정이 일체된 성경교육 자료 연구가 실시되어야 할 것이다.

③ '바이블 키월드'가 전자기기를 활용한 증강현실 성경교육 자료,

VR 성경교육 자료, 노방 전도할 때에 복음을 제시할 때 사용할 수 있는 멀티미디어 자료 등 수많은 성경교육과 신앙공동체 회복을 위한 멀티미디어 플랫폼 개발을 위한 연구가 실시되어야 한다.

④ '바이블 키월드'의 자료를 외국어로 번역하여 해외 선교까지 확장하여 전 세계 복음화를 위한 외국어 번역 작업이 실시되어야 할 것이다.

⑤ '바이블 키월드'를 미디어 영역, SNS 등으로 영역을 무한대로 확산하여 지구촌 복음화에 앞장서서 땅 끝까지 복음이 전파할 수 있도록 SNS 플랫폼 연구가 실시되어야 할 것이다.

오늘날 한국교회는 침체에 빠져 있다. 더 이상의 부흥도, 성장도 없는, 또한 계속해서 줄어드는 교회학교 학생들 숫자와 동시에 지쳐가는 교역자들의 모습 또한 한국교회의 현실이다.

지금 이 시대에 필요한 것은 전통만을 주장하는 것이 아니라 새로운 대안을 제시하는 것이다. 즉 교역자나 교사 할 것 없이 모두가 창의적인 도전과 끊임없는 상상력과 모험심, 과감한 용기가 필요하다. 또한 구체적인 실천으로 무엇인가 새롭게 도전하고, 세상 문화 속에 살고 있는 아이들과 현재 교회교육의 흐름을 잘 파악하며 동시에 시대를 읽는 눈을 가져야 할 것이다.

필자는 이러한 시대적 상황을 썬데이 스쿨의 종식과 더불어 새로운 패러다임의 출현이 필요한 시기라고 생각한다. 그러한 점에서 '바이블 키월드'는 새로운 패러다임의 출현의 시작이라고 본다. 이를 통해 대형 교회나 개척 교회 할 것 없이 모든 교회가 다시 힘을 얻고, 한국 교회 교육의 미래를 위해 도전하길 기대하고 소망하는 바이다.

또한 '바이블 키월드'를 시작으로 계속해서 기독교교육의 새로운 패러다임의 출현과 새로운 융합 교육 프로그램의 출현을 기대한다. 지금 한국교회의 교회교육은 시대를 잘 파악하여 복음을 담는 그릇을 새롭게 단장해야할 때이다. 교회는 아이들을 사로잡을 만한 것을 준비해야 한다. 그리고 새로움 앞에 고민하지 말고 일단 부딪치고 고쳐 나가며 그것을 기독교 문화화 시켜야 한다. 기독교교육의 새로운 블루오션을 찾아 떠나는 용기가 필요하다는 것이다. 이것은 하나님의 자녀로서, 예수님의 제자로서, 성령님의 도구로서 반드시 책임지고 수행해야 할 우리 모두의 사명이다.

"노력과 도전 없이는 아무것도 얻을 수가 없다!"
"전도! 안 된다 하지 말고 나가라! 부딪쳐라!"
"새로운 것을 시도하라!"
"교회는 하나님의 놀이동산이 되어야 한다!"

진정으로 영혼을 사랑한다면 도전과 노력을 해야 한다. 그렇게 한다면 하나님께서는 잠자는 교회를 깨우시고 죽어가는 교회를 다시 살리실 것이다. 이로 인해 다음 세대들은 교회를 놀이동산처럼 재미있고 즐거운 행복한 곳이라 생각할 것이며, 교회들도 부흥의 역사가 일어날 것이다.

마지막으로, '바이블 키월드'를 통하여 다음 세대가 좌절, 절망, 불평, 불만으로 가득한 삶에서 벗어나 천국 소망을 꿈꾸는 삶을 살아가는 역사가 일어나길 간절히 소망한다.